학자 목사의 **설교** 시리즈 01

구속사적 설교

다함

도서출판 **함** 은

1. **다**윗과 아브라**함**의 자손

아브라함과 다윗의 자손으로, 하나님 구원의 언약 안에 있는 택함 받은 하나님 나라 백성을 뜻합니다.

2. 마음과 뜻과 힘을 **다하여** 하나님을 사랑하라

구약의 언약 백성 이스라엘에게 주신 명령(신 6:5)을 인용하여 예수님이 가르쳐 주신 새 계명
(마 22:37, 막 12:30, 눅 10:27)대로 마음과 뜻과 힘을 다해 하나님을 사랑하겠노라는 결단과 고백입니다.

사명선언문

1. 성경을 영원불변하고 정확무오한 하나님의 말씀으로 믿으며, 모든 것의 기준이 되는 유일한 진리로 인정하겠습니다.
2. 수천 년 주님의 교회의 역사 가운데 찬란하게 드러난 하나님의 한결같은 다스림과 빛나는 영광을 드러내겠습니다.
3. 교회에 유익이 되고 성도에 덕을 끼치기 위해, 거룩한 진리를 사랑과 겸손에 담아 말하겠습니다.
4. 하나님 앞에서 부끄럽지 않도록 항상 정직하고 성실하겠습니다.

구속사적 설교

초판 1쇄 인쇄 2021년 12월 20일
초판 1쇄 발행 2022년 1월 3일

지은이 ㅣ 우병훈

교 정 ㅣ 김성민
펴낸이 ㅣ 이웅석
펴낸곳 ㅣ 도서출판 다함
등 록 ㅣ 제2018-000005호
주 소 ㅣ 경기도 군포시 산본로 323번길 20-33, 701-3호(산본동, 대원프라자빌딩)
전 화 ㅣ 031-391-2137
팩 스 ㅣ 050-7593-3175
이메일 ㅣ dahambooks@gmail.com

디자인 ㅣ 디자인집(02-521-1474)

ISBN 979-11-90584-36-4 (04230) ㅣ 979-11-90584-34-0 (세트)

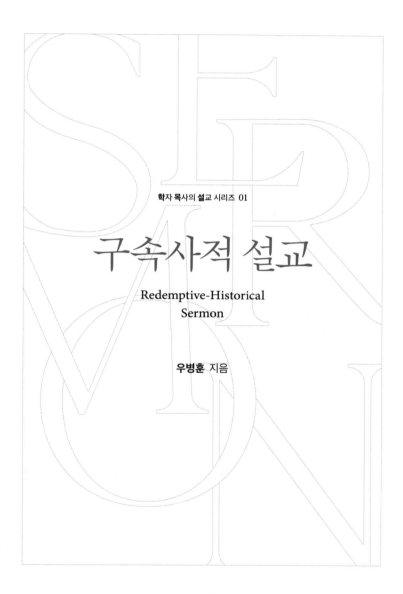

학자 목사의 설교 시리즈 01

구속사적 설교

Redemptive-Historical Sermon

우병훈 지음

다함
도서출판

목차

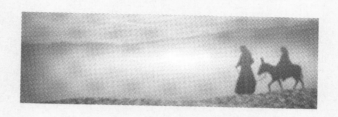

추천사

저자의 말처럼, 모든 설교가 반드시 구속사적 설교일 필요는 없습니다. 하지만 저는 구속사적 설교를 사랑합니다. 구속사적 설교는 제가 듣는 설교가 본문을 '전체 성경 안에서' 바르게 해석했다는 것에 대한 확신과, 우리의 죄악되고 연약한 삶에도 구원과 소망이 있다는 것에 대한 확신을 줍니다. 그래서 저는 구속사적 설교를 듣고 읽을 때마다 집에서 쉬는 느낌이 듭니다. 사랑하는 내 아버지께서 나를 돌보시고 훈육하시며 함께하신다는 느낌을 주기 때문입니다. '그리스도 안에서' 말입니다. 이 책을 읽을 때 바로 집에 와 있는 느낌이 들었습니다. 여기 실린 13편의 설교는 모두 죄를 잘라내는 칼이요, 씻기는 물이며, 자라게 하는 밥이요, 치유하는 약으로 훌륭하게 기능합니다. 따라서 좋은 설교를 통해서 풍성한 식탁을 누리고 싶은 성도들에게 유익이 될 것이며, 구속사적 설교를 공부하고 적용하려는 모든 신학도들과 목회자들에게 유익이 될 것입니다. 특히 서문은 반드시, 여러 번 반복해서 읽어보시길 강권합니다!

이정규_시광교회 담임목사

✛

성경은 역사 가운데 주어진 하나님의 계시를 담아내고 있습니다. 그 역사의 중심에는 우리의 구원자 그리스도께서 계십니다. 구약 성경이 장차 오실 그리스도를 기대하면서 기록되었다면, 신약 성경은 이미 오신 그리스도에 관해 서술하고 있습니다. 따라서 구약과 신약은 약속과 성취, 그림자와 실체의 관계를 가집니다. 이 책에 실린 설교들은 그 관계가 얼마나 역동적이며 풍성한지를 매우 잘 드러냅니다. 구속의 역사를 의식하면서 그리스도 중심적으로 풀어낸 이 설교들은 신자들이 이 시대 자신에게 주어진 사명을 더욱 잘 깨닫도록 도와줄 것입니다. 이 책에 제시된 지침들을 유의하면서 성경을 묵상하고 적용한다면 더욱 풍성한 신앙생활을 누릴 수 있으리라 확신합니다. 많은 분들이 읽고 그리스도의 복음이 주는 은혜와 기쁨을 누리기를 바랍니다.

이찬수_분당우리교회 담임목사

✝

설교는 하나님의 말씀을 잘 이해하고 전달하는 해석의 꽃입니다. 그런데 해석의 초점을 어디에 두느냐에 따라 해석의 내용이 달라지기 때문에 성경의 각 텍스트에 담긴 의미의 맥을 짚어내는 것은 목회자의 본질적인 자질과 직결되어 있습니다. 예수님은 모든 성경이 자신을 가리켜 기록된 책이라고 하십니다. 이러한 주님의 가르침을 따라 성경의 석학인 바울은 그리스도 예수와 그의 십자가 외에는 알지도 자랑치도 않겠다는 다짐까지 했습니다. 성경을 이해하고 전달함에 있어서 그리스도 중심적인 읽기를 강조하고 구현하는 13편으로 구성된 우병훈 교수님의 설교집은 예수님의 가르침과 바울의 다짐을 계승하고 싶어하는 간절한 소망의 결과물과 같습니다. 각 설교는 본문에 충실한 동시에 굵고 든든한 교리도 가미하여 독자에게 성경 텍스트의 맛과 진리의 규모를 동시에 제공하고 있습니다. 게다가 진리의 학술적인 진위를 따지는 논문이 아니라 따뜻하고 친절하고 부드러운 설교체로 만나는 우 교수님의 신앙이 별미 같은 책입니다. 무엇보다 모든 성경에서, 그 성경의 손가락이 가리키는 종합적인 의미이신 예수님을 만나는 훈련에 큰 도움을 주는 유익한 책입니다.

한병수_전주대학교 선교신학대학원 교의학 교수

서문

이 설교집은 구속사적 설교 13편을 모아놓은 것입니다. 설교자가 모든 설교를 구속사적으로 할 필요는 없지만 구속사적 설교는 분명히 교회사 초기부터 내려오던 중요한 전통입니다.

예를 들어, 2세기에 활동했던 교부 이레나이우스(약 130-202년)는 『사도적 설교의 증명』에서 성경해석이란 그리스도의 공로를 통한 구원을 창조에서부터 종말에 이르기까지 밝히는 과정이라고 설명했습니다.

2세기 후반과 3세기 초에 활동했던 교부 알렉산드리아의 클레멘스(약 150-216년)는 모든 계시가 그리스도를 통해서 주어졌다면 당연히 계시는 그리스도 중심적으로 해석되어야 한다고 주장했습니다.[1] 그는 교회에 주어진 성경해석의 규범은 그리스도의 새 언약에 율법과 선지자를 일치시키고 조화시키는 것이라고 힘주어 말합니다.[2] 그에 따르면, 그리스도만이 계시의 원천이며 동시에 성경해석의 원리입니다.[3] 구약성경은 그리스도의 오심과 관련해서만 가장 바르게 해석될 수 있습니다.[4]

4세기의 교부 아타나시우스(약 295-373년)는 주석의 목적이 성경에서 그리스도를 찾아 경배하는 것이라고 주장했습니다. 그는 그리스도를 올바르게 고백하는 믿음의 범위(스코포스) 안에서 성경을 해석해야 한다고 주장하며, 이에서 탈선하는 것은 그리스도의 대적이 되는 것이라고 말했습니다.[5]

4세기와 5세기의 교부 히에로니무스(약 340-420년)는 마태복음 13장 44절에 나오는 '보화'란 성육신 하신 그리스도 안에 감춰진 하나님의 말씀이라고 설명하면서, 그 보화를 발견하기 위해서 그리스도인들은 모든 다른 유익들을 포기해야 한다고 주석했습니다. 왜냐하면 참

---

1   『양탄자』, 6.15.124.2-3.

2   『양탄자』, 6.15.124.3-4.

3   『양탄자』, 7.16.95.3.

4   『양탄자』, 4.21.

5   『아리우스파 반박 연설』, 28.

생명은 그리스도를 통해서만 알려지기 때문입니다.[6]

그렇다면 과연 구속사적 설교란 무엇일까요? 이미 위에서 교부들의 말을 통해 밝혀진 것처럼 구속사적 설교란 한 마디로 **구약과 신약을 그리스도를 중심으로 해석하는 설교**입니다.

보다 구체적으로 구속사적 설교의 중요한 특징들을 아래와 같이 제시할 수 있습니다.[7]

첫째, 구속사적 설교란 그리스도 중심적 설교입니다. 주어진 성경 본문을 그리스도의 인격과 생애와 사역과 말씀과 연결 지어 설명하는 설교가 구속사적 설교입니다. 그렇기에 구속사적 설교를 준비하기 위해서는 선행조건으로 복음서와 서신서에 대한 연구가 필요합니다. 과녁이 무엇인지 모르는 상황에서 활시위를 당길 수 없듯이, 구약의 내용이 그리스도의 어떤 부분과 연결되는지를 알기 위해서는 우선 그리스도가 누구이신지를 깊이 있게 살펴야 합니다.[8]

---

6 『편지』, 30.7.

7 이하의 내용에 대해서는 아래 자료들을 참조하라. 시드니 그레이다누스, 『구속사적 설교의 원리』, 권수경 옮김(서울: SFC, 2011); 시드니 그레이다누스, 『구약의 그리스도, 어떻게 설교할 것인가』, 김진섭, 류호영, 류호준 옮김(서울: 이레서원, 2009); 브라이언 채플, 『그리스도 중심 설교 이렇게 하라』, 안정임 옮김(서울: CUP, 2015); 브라이언 채플, 『그리스도 중심의 설교』, 엄성옥 옮김(서울: 은성, 2016); 팀 켈러, 『팀 켈러의 설교』, 채경락 옮김(서울: 두란노, 2016).

8 그리스도 중심적 설교에 대해서는 아래 자료를 참조하라. 김대혁, 이정규, 『그리스도 중심적 설교(가제)』(서울: 생명의말씀사, 2022년 출간예정).

둘째, 구속사적 설교는 구약과 신약의 연결성을 강조하는 설교입니다. 신약성경에 얼마나 많은 구약성경이 인용되어 있는가 하는 것은 학자들마다 의견이 다릅니다. 보통 적게는 845구절 이상, 많게는 889구절 가량 인용되어 있다고 보는데, 이렇게 차이가 나는 이유는 "인용"의 규정에 대한 견해가 다르기 때문입니다. 구속사적 설교는 신약에 인용된 구약의 구절들을 면밀하게 살펴서 성경의 기록자들이 어떤 식으로 그리스도를 중심으로 구약을 해석하는지를 연구합니다. 이러한 인용 방식들은 직접적으로 구약을 인용하지 않는 다른 신약의 구절들을 해석할 때에도 적용될 수 있습니다.

셋째, 구속사적 설교는 신약의 저자들이 구약에서 그리스도에 대해 말하는 방식을 모방하는 설교입니다. 사도행전에 나오는 베드로의 설교나 스데반의 설교는 때로는 구약을 직접 인용하기도 하지만 내러티브적으로 기술하기도 합니다. 이런 방식은 구속사적 설교에도 당연히 적용될 수 있습니다. 이를 위해서 성경신학적 연구들을 탐구할 필요가 있습니다. 또한 신약성경은 "복음과 하나님 나라"의 관점에서 구약을 해석합니다. 복음의 관점은 그리스도 중심적인 성경해석과 연결되고, 하나님 나라 관점은 하나님의 통치가 드러나는 방식을 보여줍니다. 특별히 하나님 나라의 관점에서는 교회가 어떻게 하나님의 통치를 받는지 주목합니다.

넷째, 구속사적 설교는 성경을 약속과 성취의 관점에서 보는 설교입니다. 성경에는 하나님의 약속들이 수없이 나오는데, 그 중에 가장 굵직한 약속들이 바로 "언약(言約)"입니다. 언약의 핵심내용은 "나는 너희 하나님이 되고, 너희는 내 백성이 되리라"는 것입니다(레 26:12; 룻 1:16; 렘 31:1, 33; 겔 11:20, 36:28; 슥 8:8). 언약을 보다 엄밀하게 정의하면, "하나님께서 믿는 자와 그들의 자녀들에게 약속과 사명을 주시기 위해 주권적으로, 그리고 은혜로 세우신 연합과 교제의 결합"을 뜻합니다. 구속사적 설교는 성경에 나오는 언약의 역사를 추적하여 언약들 사이의 연속성과 불연속성을 관찰하며 그 발전에 경탄합니다. 그리고 그 외에 성경에 나오는 그 많은 약속들이 점차로 어떻게 성취되는지 살펴봅니다.

다섯째, 구속사적 설교는 구약 성경에서 그리스도를 예표하는 역사적인 사람, 사건, 장소, 사물을 찾아 설교하는 것입니다. 성경해석에 있어서 알레고리와 예표는 비슷한 점도 있고 다른 점도 있습니다. 비슷한 점은 둘 다 그리스도 중심적으로 성경을 해석하고자 한다는 것이고, 다른 점은 역사성입니다. 알레고리가 꼭 역사성을 가질 필요는 없습니다. 가령 예수님의 비유에 등장하는 어떤 인물이 예수 그리스도를 상징할 때 비유 속의 그 인물이 꼭 역사성을 가져야 하는 것은 아닙니다. 하지만 예표는 반드시 역사성을 지녀야 합니다. 구속사적 설교는 구약의 역사적 사람, 사건, 장소, 사물 등에서 그리스도와 관련된 요소를 찾아 역사적 간격과 흐름을 인식하면서 그리스도께 적용합니다.

여섯째, 구속사적 설교는 성경에 나오는 인물들이 그리스도와 어떻게 유사하며 다른지 설명합니다. 히브리서 기자가 보여준 모범을 생각해 보면 이 말이 뜻하는 바를 쉽게 알 수 있습니다. 히브리서 기자는 한편으로는 구약 인물들과 예수 그리스도의 유사점을 밝히고, 다른 한편으로는 구약 인물들과 그리스도를 대조합니다. 대제사장이 백성을 대신하여 제사를 드린 것처럼, 그리스도는 제사를 드리십니다. 그러나 인간 대제사장은 연약하고 죄가 있으며 한시적이지만, 죄가 없으신 대제사장 예수 그리스도는 온전하고 영원한 제사를 하나님께 드리셨습니다. 구약의 인물들 뿐 아니라 신약의 인물들도 그리스도를 어떻게 반영하는지 관찰할 수 있을 것입니다. 구속사적 설교는 특정 인물과 그리스도 사이의 유사점에도 주목하지만 반대되는 점도 주목합니다.

일곱째, 구속사적 설교는 이스라엘의 역사에서 발전하는 계시의 점진성을 주목하는 설교입니다. 구속사적 설교의 중요한 측면은 역사적 흐름을 항상 주목한다는 점에 있습니다. 하나님께서 인간에게 계시를 주실 때에는 마치 어린 아이들을 훈육하듯이, 한꺼번에 하는 것이 아니라 역사 속에서 조금씩 더 많고 밝게 허락하셨습니다. 그렇기에 구속사적 설교는 계시가 어떻게 점점 더 분명해져 가는지에 관심을 기울여야 합니다. 계시의 역사성과 그 점진성을 보다 잘 설명하기 위해서 구속사적 설교는 이스라엘의 역사와 배경사, 고고학과 근동의 다양한 문헌을 참조할 필요가 있습니다.

여덟째, 구속사적 설교는 그리스도께서 오시기를 예비하는 과정으로써 이스라엘의 역사를 설명하는 설교입니다. 창세기 3장 15절은 여자의 후손과 뱀의 후손 사이의 반목과 갈등, 그리고 적개심과 다툼에 대해 말하고 있습니다. 사탄은 여자의 후손을 괴롭힐 뿐 아니라, 궁극적인 구원자이신 그리스도가 오지 못하게 하려 했습니다. 구약에서 이스라엘 백성들을 괴롭힌 전쟁과 모략들은 모두 그리스도의 오심을 방해하는 역사로도 읽을 수 있습니다. 그렇기에 구속사적 설교는 하나님께서 어떤 과정을 통해 그리스도께서 이 땅에 오시게 하셨는지를 주목할 필요가 있습니다.

아홉째, 구속사적 설교는 그리스도를 중심으로 설교함으로써 율법주의와 반율법주의의 위험성을 피하는 설교입니다. 구속사적 설교라고 해서 '적용'이 생략되어서는 안 됩니다. 물론 하나님에 대해 더 분명히 아는 것 역시 중요한 '적용'이 될 수 있음을 기억해야 합니다. 바른 영적 지식은 삶에 영향을 끼치기 때문입니다. 하지만 이러한 적용 외에 보다 구체적인 삶의 모습을 다루는 적용의 경우에도 구속사적 설교는 장점을 지닐 수 있습니다. 설교가 단지 윤리적 교훈을 전달하는 정도에서 머무는 것을 막아주기 때문입니다. 무엇보다 구속사적 설교는 성경에 제시된 삶의 방식과 구체적 행동이 그리스도 안에서는 어떻게 성취되고 모범적으로 나타났는지를 보여줌으로써 율법주의와 반율법주의의 위험을 피하게 합니다. 율법주의의 위험은 공로주의, 자만, 자기자랑, 자기신뢰, 자기 의(義), 다른 사람에 대한 비판, 외식 등을 말하고, 반율법주의의 위험은 나태함, 방종주의, 자동구원주의, 행함 없는 믿음, 실천 없는 지식, 냉소주의 등을 말합니다. 성경에 제시된 윤리적 지침이 그리스도와 성령을 통과하여 우리에게 전달될 때 이러한 위험들을 가장 안전하게 피할 수 있습니다.

열 번째, 구속사적 설교는 그리스도께서 행하시겠다고 약속하신 바가 신약 성경의 역사 이후에 펼쳐지는 구원역사의 흐름 속에서 어떻게 성취되는지를 관찰하고 설명하는 설교입니다. 우리는 구속사의 흐름이 신약성경에 나오는 내용을 넘어서 전개되는 것을 교회사를 통해 관찰할 수 있습니다. 교회사가 계시의 수단이 될 수는 없지만, 성경계시에 근거하여 교회사를 해석할 때 우리는 성경계시의 진리성을 더욱 확고하게 붙들 수 있습니다. 성경 자체가 역사의 최종적 종말을 겨냥하고 있기 때문에 구속사적 설교는 신약성경의 역사 이후에 펼쳐지는 역사 속에서 그리스도께서 행하시는 일들을 관찰할 수 있습니다.

열한 번째, 구속사적 설교는 구속역사의 흐름 속에서 오늘날을 살아가는 신자들이 지닌 시대적 과제를 제시하는 설교입니다. 구속사적 설교의 장점은 오늘날 우리에게 주어진 구속사적 사명을 인식하도록 한다는 데 있습니다. 시대마다 장소마다 교회마다 신자마다 하나님께서 주신 사명은 다릅니다. 구속사적 설교는 시대적 책임의식을 구약과 신약의 전제 위에서 깨닫게 해 줍니다. 이를 위해 구속사적 설교는 신자 개개인에 대한 적용뿐 아니라 교회적 적용을 제시해야 합니다. 또한 구속사적 설교는 현 시대에 대한 인식뿐 아니라 종말론적 비전을 지시해 줍니다. 구속사적 설교를 통해서 신자들은 개인 신앙생활과 교회적 삶에, 그리고 사회적 실천에 성경을 어떻게 적용할 수 있을

지 깨닫게 됩니다. 그리하여 개인주의적 영성에 함몰되거나 사회복음주의적 한계를 벗어나 포괄적이고 균형잡힌 적용을 할 수 있습니다.

열두 번째, 구속사적 설교는 성부, 성자, 성령의 유기적 사역을 함께 설명하는 설교입니다. 구속사적 설교는 삼위일체적 설교가 될 수밖에 없습니다. 그리스도 중심적 설교는 필연적으로 성부와 성령을 말하게 됩니다. 하나님은 그리스도께서 오시도록 일하셨고, 그리스도는 성령을 보내서서 일하시기 때문입니다(요 6:44, 14:26, 17:8). 하나님께서는 그리스도 안에 계셔서 세상을 자기와 화목하게 하셨고(고후 5:19), 그리스도께서 구원의 사역을 완수할 수 있도록 도우신 성령은 지금 우리와 함께 계시며 우리 안에서 일하시는 하나님의 영이십니다. 성부, 성자, 성령의 사역을 온전히 드러내는 구속사적 설교는 가장 기독교적인 설교이며, 그렇기에 가장 하나님께 영광을 돌리는 설교입니다.

다시 한 번 말하지만 모든 설교가 구속사적 설교일 필요는 없습니다. 하지만 구속사의 특징과 흐름, 중요성과 의미를 상실한 설교는 결코 좋은 설교일 수 없습니다. 그리스도를 가장 잘 드러내는 설교를 고민하는 설교자는 반드시 구속사적 설교에 관심을 가지게 될 것입니다.

이 책에 실린 설교 한편 한편이 위에서 제시한 구속사적 설교의 특징들 모두를 지닌다고 말할 수는 없습니다. 한편의 설교에 그 모든 요소를 다 드러낼 수도 없고, 그럴 필요도 없습니다. 다만 여기 실린 설교들은 구속사적 설교의 몇몇 측면들을 보여주기 위해 노력한 설교들입니다. 이 설교들이 아주 만족스러운 설교들이라고 말할 수는 없지만 구속사적 설교를 위해서 자극을 주는 측면은 분명히 있으리라 믿습니다.

보다 더 많은 설교자들이 그리스도 중심으로 구약과 신약을 연결시키는 구속사적 설교에 관심을 가졌으면 하는 바람에서 부족한 것을 내놓습니다. 구속사적 설교에 대해서 많은 토론을 했던 이정규 목사님(시광교회)과 박창원 목사님(포항장로교회)께 감사드리고, 구속사적 설교에 대한 많은 가르침과 자극을 주신 고신대 신학과의 신득일 교수님과 송영목 교수님께 감사드립니다. 또한 늘 많은 질문들로 저를 괴롭히는(?) 학생들에게도 감사드립니다. 필자의 부족한 설교를 듣고 삶의 현장에서 더욱 그리스도를 위해 힘써 살아가시는 모든 성도님들께도 감사를 전합니다. 언제나 곁에서 사랑의 의미를 가르쳐 주는 아내와 아들과 딸에게도 늘 감사합니다.

영광은 오직 하나님께만(Soli Deo Gloria)!

장마가 그치고 태양이 빛나는 2021년 여름
부산에서
저자 씀

아브라함의 복

(창세기 18:18-19; 갈라디아서 3:14)

아브라함의 복

18. 아브라함은 강대한 나라가 되고 천하 만민은 그로 말미암아 복
    을 받게 될 것이 아니냐
19. 내가 그로 그 자식과 권속에게 명하여 여호와의 도를 지켜 의
    와 공도를 행하게 하려고 그를 택하였나니 이는 나 여호와가 아
    브라함에게 대하여 말한 일을 이루려 함이니라

(창세기 18장 18-19절)

14. 이는 그리스도 예수 안에서 아브라함의 복이 이방인에게 미치
    게 하고 또 우리로 하여금 믿음으로 말미암아 성령의 약속을
    받게 하려 함이라

(갈라디아서 3장 14절)

신자의 삶

한국교회 역사에서 요즘처럼 기독교인들이 세상으로부터 많은 비난을 받는 시대는 없었던 것 같습니다. 최근에 코로나-19 사태로 인해 많은 사람들이 교회를 비난합니다. 비단 코로나 사태가 아니라 하더라도, 인터넷이나 뉴스에 목사가 잘못한 일들이 나오면 목사와 교회 전체를 비난하는 댓글들이 수십, 수백 개씩 달립니다. 교회가 잘못해서 욕을 듣는 거라면 어쩔 수 없는 일이겠지만, 교회 자체를 혐오의 대상으로 여기는 것은 옳지 않습니다.

이런 쉽지 않은 시대에 교회생활을 하는 것은 정말 각오를 단단히 해야 하는 일입니다. 교회사에는 '백색순교'라는 개념이 있습니다. 피를 흘려 순교당하는 것을 '적색순교'라고 한다면, 피를 흘리지는 않지만 믿음을 가지고 살아가면서 사람들에게 비난당하고 조롱당하고 손해 보며 사는 것을 백색순교라고 볼 수 있습니다.

하지만 저는 이런 시대를 산다는 것이 오히려 건강한 신앙생활에 도움이 될 수 있다고 생각합니다. 우리가 신앙 생활할 때 마냥 좋은 일만 생긴다면 예수님 믿는 것이 그리 어렵지 않을 것입니다. 그러나 주님 믿는 것이 쉽지 않고 힘들다 하더라도, 충성스럽게 주님을 붙들고 살아간다면 주님께서 기뻐하실 것입니다. 오늘 본문을 통해서 이렇게 쉽지 않은 시대에 우리에게 주신 하나님의 말씀을 생각해 보고자 합니다.

아브라함을 택하신 하나님

창세기 18장 19절은 구약 성경에서 예정의 목적이 분명히 나오는 본문입니다.[1] 19절을 보면 "그를 택하였나니"라는 표현이 나옵니다. 하나님께서 아브라함을 선택하셨다는 뜻입니다. 원문에는 "그를 아셨나니(야다)"라고 되어 있습니다. 여기에서 아셨다는 것은 영원 전부터 하나님의 백성으로 삼기 위해 아셨다는 의미입니다. 다시 말해 예정하셨다는 뜻입니다. 예레미야 1장 5절 "내가 너를 모태에 짓기 전에 너를

---

1 Christopher J. H. Wright, "Good Behavior Matters After All," *Christianity Today* (October 26, 2015); 크리스토퍼 라이트, 『하나님의 선교』, 정옥배·한화룡 옮김(서울: IVP, 2010), 제 11 장 참조. 창세기 연구를 위해서는 아래의 주석들이 좋다. 고든 웬함의 주석은 창세기 주석의 고전이라 할 만큼 유명하다. Gordon J. Wenham, *Genesis 1-15*, vol. 1, Word Biblical Commentary (Dallas: Word, Incorporated, 1998; 솔로몬 역간); Gordon J. Wenham, *Genesis 16-50*, vol. 2, Word Biblical Commentary (Dallas: Word, Incorporated, 1998; 솔로몬 역간); Victor P. Hamilton, *The Book of Genesis, Chapters 1-17*, The New International Commentary on the Old Testament (Grand Rapids, MI: Eerdmans, 1990); Victor P. Hamilton, *The Book of Genesis, Chapters 18-50*, The New International Commentary on the Old Testament (Grand Rapids, MI: Eerdmans, 1995); John H. Walton, *Genesis*, The NIV Application Commentary (Grand Rapids, MI: Zondervan, 2001; 솔로몬 역간); K. A. Mathews, *Genesis 1-11:26*, vol. 1A, The New American Commentary (Nashville: Broadman & Holman Publishers, 1996); K. A. Mathews, *Genesis 11:27-50:26*, vol. 1B, The New American Commentary (Nashville: Broadman & Holman Publishers, 2005). 아래의 주석들은 창세기에 대한 최근의 연구들을 반영하면서도, 히브리어 원전에 근거하여 상세한 주석을 하였다. 기동연, 『창조부터 바벨까지』(서울: 생명의 양식, 2009); 기동연, 『아브라함아! 너는 내 앞에 행하여 완전하라』(서울: 생명의 양식, 2013).

알았고"라는 구절에 똑같은 표현이 사용되었습니다.[2]

여러분은 왜 하나님께서 특별히 아브라함이라는 사람을 택하여 믿음의 조상으로 삼으셨는지 생각해 본 적이 있으십니까? 저는 그 이유를 생각해 본 적이 있는데, 도무지 그 이유를 찾지 못했습니다. 아브라함은 믿음의 조상이 될 만한 그 어떤 요소도 갖추지 않았기 때문입니다. 그는 아버지 데라와 함께 갈대아 우르에서 하나님을 모른 채 우상숭배를 하면서 살던 사람이었습니다. 그는 나이가 75세가 될 때까지 자녀가 없이 살던 사람이었고, 그의 아내 사라는 경수가 끊어진 여성이었습니다. 인간적인 측면에서 보자면 아브라함은 믿음의 조상이 되기에 아무런 조건을 갖추지 못한 사람이었습니다. 하지만 하나님은 그를 택하여 구원과 언약을 주셨습니다. 사실 아브라함이 하나님의 예정을 받을 만한 이유가 전혀 없다는 것이 하나님께서 그를 택하신 이유가 됩니다. 하나님은 아브라함을 통해서 구원이 오직 하나님의 은혜로 되는 일임을 보여주시고 싶으셨던 것입니다. 여러분, 하나님의 예정은 인간적인 조건을 따라 이뤄지지 않습니다. 하나님의 예정은 무조건적으로, 아니 역조건적으로 이뤄집니다. 아무런 자격 없는 자를 불러 구원하시는 것이 하나님의 뜻이며 은혜이며 사랑입니다.

---

2   HALOT 3570, "יָדַע"를 참조하라. (암 3:2) 내가 땅의 모든 족속 가운데 너희만을 '알았나니' 그러므로 내가 너희 모든 죄악을 너희에게 보응하리라 하셨나니

아브라함 언약의 5가지 약속

아브라함을 조건 없이 예정하신 하나님은 그에게 다섯 가지 중요한 약속을 주셨습니다. 창세기 12장 2-3절에 나와 있습니다.

> 내가 너로 큰 민족을 이루고 네게 복을 주어 네 이름을 창대하게 하리니 너는 복이 될지라 너를 축복하는 자에게는 내가 복을 내리고 너를 저주하는 자에게는 내가 저주하리니 땅의 모든 족속이 너로 말미암아 복을 얻을 것이라 하신지라(창 12:2-3)

하나님께서 아브라함에게 주신 5가지 약속은 "땅, 자손, 명성, 관계, 복"입니다. 저는 이것을 아브라함의 오각형이라고 부릅니다. 하나님은 고향 친척 아비 집을 떠난 아브라함에게 새로운 땅을 주실 것입니다. 하나님은 자식이 없던 아브라함이 큰 민족을 이루게 해 주실 것입니다. 하나님은 무명의 아브라함의 이름을 창대하게 해 주실 것인데, 그것은 그가 왕이 되도록 해 주시겠다는 약속입니다. 고대 세계에서 이름이 알려진 존재는 왕이니까요. 하나님은 아브라함과 매우 긴밀한 관계를 맺을 것입니다. 그리하여 아브라함을 축복하는 자들에게는 주님께서 복을 내리시고 그를 저주하는 자에게는 주님께서도 저주하실 것입니다. 이것은 하나님과 아브라함이 깊은 우정의 관계를 맺을 것임을 보여줍니다. 이사야 41장 8절에서 "나의 벗 아브라함"이라고 말씀하십니다.[3] 마지막으로 하나님은 아브라함이 열방의 복이 되게 해 주십니다. 땅의 모든 족속이 아브라함으로 말미암아 복을 얻게 될 것입니다.

선교적 비전

오늘 본문 18절에서 "아브라함은 강대한 나라가 되고 천하 만민은 그로 말미암아 복을 받게 될 것"이라는 말씀은 바로 창세기 12장 2-3절에 주신 약속을 다시 상기시켜 주시는 본문입니다. 그런데 특별히 본문은 다섯 가지 약속 중에서 땅, 자손, 명성, 관계에 대한 약속을 "아브라함이 강대한 나라가 되고"라는 말씀에 다 묶어버렸습니다. 마지막 약속인 "열방의 복이 되는 것"만 강조되어 있습니다. 왜냐하면 하나님께서 아브라함에게 땅, 자손, 명성, 관계에 대한 약속을 주시는 이유가 마지막인 약속인 열방의 복이 되는 선교적 비전을 목표로 하고 있기

---

3 아브라함은 하나님의 친구라고 불린다. (사 41:8, 개정판) 그러나 나의 종 너 이스라엘아 내가 택한 야곱아 나의 벗 아브라함의 자손아; (대하 20:7, 쉬운성경) 우리 하나님, 주는 주의 백성이 보는 앞에서, 이 땅에 살던 백성을 쫓아 내셨습니다. 그리고 그 땅을 영원히 주의 벗(혹은 연인) 아브라함의 자손들에게 주셨습니다. 아브라함 언약에 관해서는 아래 책을 참조하라. 우병훈, 『룻기, 상실에서 채움으로』(서울: 좋은씨앗, 2020), 2장.

때문입니다.

지금 이 구절이 속한 맥락은 하나님께서 소돔과 고모라를 멸망하려는 계획을 아브라함에게 알려주시는 장면입니다. 하나님께서 하시는 일을 아브라함에게 미리 알려주시는 이유는 창세기 12장에서 이미 아브라함을 하나님의 친구로 삼으셨기 때문입니다.[4] 하나님의 선택은 이렇듯 중요한 특징이 있습니다. 선택하실 때는 아무런 조건이 없이 선택하시는데, 그 선택을 받은 사람은 너무나 큰 특권과 사명을 부여받게 된다는 사실입니다. 아브라함은 그 사실을 알았기 때문에 하나님께서 소돔과 고모라를 멸망시키려 하실 때 그 도시를 위해서 간청했던 것입니다. 하나님의 선택 받은 백성은 자기 혼자만 잘 사는 것이 목적이 아니라, 오히려 자신을 통해서 땅의 모든 백성이 복을 얻기를 소망해야 합니다. 이것이 아브라함에게 주어진 '선교적 비전'입니다.

---

4   K. A. Mathews, *Genesis 11:27-50:26*, vol. 1B, NAC (Nashville: Broadman & Holman Publishers, 2005), 222: "아브라함이 막역한 친구의 지위를 갖게 된 첫 번째 이유는 창 12:2-3에 나오는 하나님의 부르심과 약속에 직접적으로 관련된다."; 기동연, 『아브라함아! 너는 내 앞에서 행하여 완전하라』, 248: "하나님은 아브라함을 단순히 한 명의 신자로 취급하는 것이 아니라, 그를 하나님의 계획을 공유해야 할 존재로 여기고 있다. 하나님이 아브라함을 이렇게 존중하는 이유는 창 12:1-3에서 하나님이 아브라함에게 한 부름과 약속 때문이다."

의와 공도를 행함

본문 19절을 보면 하나님의 선택을 받은 아브라함에게 한 가지 더 주어진 사명이 있습니다.

> 내가 그로 그 자식과 권속에게 명령하여 여호와의 도를 지켜 의와 공도를 행하게 하려고 그를 택하였나니(창 18:19a)[5]

다시 말하면, 하나님께서 아브라함을 택하신 목적은 아브라함이 자기 후손들에게 여호와의 길을 따르고, 의와 공의를 행하게끔 명령하도록 하기 위해서라는 것입니다. 여기에서 우리는 하나님께서 아브라함을 선택하신 두 번째 목적을 보게 됩니다. 그것을 '윤리적 비전'이라고 표현할 수 있는데, 바로 여호와의 도를 지키며 의와 공의를 행하는 것입니다.

여기에서 말하는 여호와의 도는 하나님의 법도를 뜻합니다. 아브라함은 아직 율법을 받지 않았지만, 그럼에도 불구하고 하나님의 계시를 받아서 어떻게 살아야 하는지를 배웠을 것입니다. 그것이 하나님

---

5   히브리어에서 직역하면 아래와 같다. "나는 아브라함이 그 후의 자기 자녀들과 그의 가족들에게 명령하여 그들이 여호와의 길을 따르고, 의와 공의를 행하도록 그를 선택했다. 그리하여 여호와가 그[=아브라함]에게 말했던 것을 아브라함에게 가져다 줄 것이다."

의 법도입니다. 또 이 구절은 여호와의 도를 이루기 위한 방법으로 의와 공도를 행하는 것을 말씀합니다. 여기에서 '의'는 '체다카'이며, 공도는 '미슈파트'라고 합니다. 성경에서 의(체다카)와 공도(미슈파트)는 거의 동의어로 나타납니다. 굳이 구분을 하자면 의는 하나님의 말씀이 이뤄진 최종적인 상태, 공도는 의가 이뤄지기 위해 거쳐 가야 하는 과정을 뜻합니다.[6]

성경에서 의와 공도는 재판이 종종 공의롭게 이뤄지는 것을 뜻했습니다. 불법이 자행되지 않도록 지키는 것, 그리고 무엇보다 약하고 가난한 사람들이 압제 받지 않고 살도록 돕는 것을 뜻합니다. 이 모든 일이 아브라함과 그의 자손들을 통해서 이뤄지도록 하시는 것이 바로 하나님께서 아브라함을 택하신 목적이었습니다.

요약하자면, 하나님은 아브라함을 택하시고, 그에게 선교적 비전과 윤리적인 비전 두 가지를 주셨던 것입니다.

이스라엘 백성들의 실패

하지만 우리는 구원 역사의 기나긴 궤적을 통해서 결국 아브라함의

---

6   크리스토퍼 라이트, 『하나님의 선교』, 461.

자손인 이스라엘 백성들이 하나님께서 아브라함을 택하신 목적에서 벗어나 버렸다는 것을 알게 됩니다. 그들은 하나님께서 주신 '선교적 비전' 대신에 유대 민족주의에 빠져버렸습니다. 그래서 이방인들을 아주 멸시했습니다. 그들은 또한 '윤리적 비전'마저 상실해 버렸는데, 하나님의 의와 공도를 무시하고 심지어 백성의 지도자들이 먼저 불법을 자행했습니다. 역대하 34장 11절에 요시야 왕이 훼파된 성전을 수리하는데, "유다 왕들이 헐어버린 성전들을 위하여 들보를 만들게 하매"라는 표현이 나옵니다. 하나님의 성전을 헐어버린 자들은 다름이 아닌 유다의 지도자들이었던 것입니다.

아브라함의 복의 성취

이스라엘 백성들이 이렇게 실패했을 때에도 하나님은 아브라함에게 주신 약속을 포기하지 않으셨습니다. 오히려 그 약속이 아브라함의 자손으로 오신 예수 그리스도를 통해 이뤄지게 하셨습니다. 갈라디아서 3장 14절에서 바울은 이렇게 말씀합니다.

> 이는 그리스도 예수 안에서 아브라함의 복이 이방인에게 미치게 하고
> 또 우리로 하여금 믿음으로 말미암아 성령의 약속을 받게 하려 함이라
> (갈 3:14)

여기서 아브라함의 복이란 하나님께서 아브라함에게 주신 복을 말합니다. 창세기 18장 19절은 그 복이 세 가지, 즉 하나님의 선택, 선교적 비전, 그리고 윤리적 비전이었다고 말합니다. 바울은 그 진정한 성취가 바로 예수 그리스도를 통해서 이뤄졌다고 말합니다.

첫째로, 하나님의 예정은 예수님 안에서 이뤄집니다. 에베소서 1장 4절에서 바울은 "창세 전에 그리스도 안에서 우리를 택하사"라고 말합니다. 하나님의 예정이 무조건적이었던 이유는 하나님께서 우리를 보시고 예정하신 것이 아니라 그리스도를 보시고 하셨기 때문입니다.

둘째로, 하나님의 선교는 예수님 안에서 완성됩니다. 마태복음 28장 19절에서 예수님은 "너희는 가서 모든 민족을 제자로 삼아"라고 말씀하십니다. 이제 열방은 예수님 안에서 구원의 복을 누립니다. 갈라디아서 3장 28절에서 말씀하듯이 유대인이나 헬라인이나 종이나 자유인이나 남자나 여자나 다 그리스도 예수 안에서 하나가 될 수 있습니다(계 5:9 참조).

셋째로, 하나님의 윤리는 예수님 안에서 완성됩니다. 마태복음 5장 14절에서 주님은 "너희는 세상의 빛이라"고 말씀합니다. 에베소서 5장 8절에서 사도 바울은 "너희가 전에는 어둠이더니 이제는 주 안에서 빛이라 빛의 자녀들처럼 행하라."고 말합니다. 그리스도 안에서 하나님의 의를 얻은 우리는 이제 그리스도와 연합하여 그 의를 세상 가운데 드러내며 살 수 있게 되었습니다.

이처럼 지금으로부터 4천 년 전에 아브라함에게 주신 그 약속은 이제 그리스도를 믿는 우리 그리스도인들에게서 성취됩니다. 사도 바울은 갈라디아서 3장 7절에서 이렇게 말합니다.[7]

그런즉 믿음으로 말미암은 자들은 아브라함의 자손인 줄 알지어다
(갈 3:7)

혈통적 유대인이 아브라함의 자손이 아니라, 예수 그리스도를 믿는 자들이 바로 아브라함의 자손들이라는 말씀입니다.

예수님 때문에, 예수님 안에서 성령으로

사랑하는 여러분, 만일 아브라함에게 주신 약속이 그리스도 안에서

---

7 아래의 갈라디아서 주석들이 매우 좋다. 이 중에서 더글라스 무의 주석은 바울에 대한 새 관점의 장점을 취하고 단점을 배제하면서 좋은 관점을 제시하고 있다. Douglas J. Moo, *Galatians*, Baker Exegetical Commentary on the New Testament (Grand Rapids, MI: Baker Academic, 2013); Richard N. Longenecker, *Galatians*, vol. 41, Word Biblical Commentary (Dallas: Word, Incorporated, 1998; 솔로몬 역간); F. F. Bruce, *The Epistle to the Galatians: A Commentary on the Greek Text*, New International Greek Testament Commentary (Grand Rapids, MI: Eerdmans, 1982); Timothy George, *Galatians*, vol. 30, The New American Commentary (Nashville: Broadman & Holman Publishers, 1994); John R. W. Stott, *The Message of Galatians: Only One Way*, The Bible Speaks Today (Leicester, England; Downer's Grove, IL: InterVarsity Press, 1986; 한국 IVP 역간).

성취된다다면 우리는 어떻게 살아야 할까요? 한 마디로 말하면 그리스도 안에서, 그리스도를 중심으로 살아야 합니다.

앞에서 저는 오늘날 교회가 사회로부터 부당하게 욕을 듣고 비난을 듣는다고 말씀드렸습니다. 한편으로 생각해 보면 너무나 억울하고 기분 나쁜 일입니다. 속이 상하는 일입니다. 하지만 오늘 말씀은 하나님께서 우리를 택하신 목적이 이 세상 사람들을 더 섬기고 그들을 하나님께로 이끌라는 것임을 가르쳐 줍니다. 그러므로 우리는 이럴 때일수록 더욱 낮아진 자세로 이 세상 사람들을 섬기고, 더 열심히 전도하고 선교해야 합니다. 그것은 우리 때문에 하는 일이 아니라, 바로 우리 주 예수 그리스도 때문에 하는 일이기 때문입니다.

아브라함의 약속은 예수님 안에서 '예'가 되었습니다. 예수님은 우리를 구원하시기 위해 자신을 내어주신 사랑의 주님이십니다. 예수님은 자신을 내어주시면서 전도에 힘쓰신 분입니다. 예수님은 십자가에 죽고 부활하심으로 하나님의 의와 공도를 이루셨습니다. 그렇게 해서 아브라함을 선택하신 하나님의 비전이 이뤄지게 하신 분입니다. 바로 이것이 예수님의 뜻이며 예수님의 사역이라면 우리 생각을 다 내려놓고 오직 주님만 위해서 살아야 하지 않겠습니까? 하나님의 약속이 예수님 안에서만 이뤄진다고 한다면, 내 생각을 다 접어놓고 오직 예수님만 생각해야 하지 않겠습니까?

만일 우리가 스스로의 힘으로 선택의 목적인 선교적 비전과 윤리적 비전을 이루고자 한다면 우리는 실패할 것입니다. 그래서 예수님은 우리가 그 일을 잘 감당할 수 있도록 성령님을 보내 주셨습니다. 오늘 본문에서 바울은 "또 우리로 하여금 믿음으로 말미암아 성령의 약속을 받게 하려 함이라."고 말합니다. 아브라함에게 주신 약속이 성령을 통해서 완성될 수 있다는 뜻입니다.

그러므로 때로 조금 오해를 받고 비난을 듣더라도 우리는 오직 주 예수님 때문에 우리를 예정하신 하나님 아버지의 뜻을 붙들고 나아가야 합니다. 가정에서도 마찬가지입니다. 가족들을 사랑할 때에도 예수님 때문에, 그리고 성령님의 능력으로 사랑해야 합니다. 교회도 마찬가지입니다. 교회 식구들을 사랑할 때에도 예수님 때문에, 그리고 성령님의 능력으로 사랑해야 합니다. 오직 예수님 때문에, 그리고 성령님의 능력으로 주님의 선택의 목적을 감당하셔서 아브라함의 복을 누리시는 성도님들이 되시기를 간절히 바랍니다. 아멘.

구원 역사 속의
세례

(고린도전서 10:1-13)

구원 역사 속의 세례

1. 형제들아 나는 너희가 알지 못하기를 원하지 아니하노니 우리 조상들이 다 구름 아래에 있고 바다 가운데로 지나며
2. 모세에게 속하여 다 구름과 바다에서 세례를 받고
3. 다 같은 신령한 음식을 먹으며
4. 다 같은 신령한 음료를 마셨으니 이는 그들을 따르는 신령한 반석으로부터 마셨으매 그 반석은 곧 그리스도시라
5. 그러나 그들의 다수를 하나님이 기뻐하지 아니하셨으므로 그들이 광야에서 멸망을 받았느니라
6. 이러한 일은 우리의 본보기가 되어 우리로 하여금 그들이 악을 즐겨 한 것 같이 즐겨 하는 자가 되지 않게 하려 함이니
7. 그들 가운데 어떤 사람들과 같이 너희는 우상 숭배하는 자가 되지 말라 기록된 바 백성이 앉아서 먹고 마시며 일어나서 뛰논다 함과 같으니라
8. 그들 중의 어떤 사람들이 음행하다가 하루에 이만 삼천 명이 죽었나니 우리는 그들과 같이 음행하지 말자

9. 그들 가운데 어떤 사람들이 주[그리스도]를 시험하다가 뱀에게 멸망하였나니 우리는 그들과 같이 시험하지 말자

10. 그들 가운데 어떤 사람들이 원망하다가 멸망시키는 자에게 멸망하였나니 너희는 그들과 같이 원망하지 말라

11. 그들에게 일어난 이런 일은 본보기가 되고 또한 말세를 만난 우리를 깨우치기 위하여 기록되었느니라

12. 그런즉 선 줄로 생각하는 자는 넘어질까 조심하라

13. 사람이 감당할 시험 밖에는 너희가 당한 것이 없나니 오직 하나님은 미쁘사 너희가 감당하지 못할 시험 당함을 허락하지 아니하시고 시험 당할 즈음에 또한 피할 길을 내사 너희로 능히 감당하게 하시느니라

(고린도전서 10장 1-13절)

역사의 중심인 그리스도

오늘 본문은 구원역사에서 세례의 의미를 깨닫게 해주는 핵심본문입니다. 하나님은 우주와 이 세상의 역사를 운행하면서, 하나님의 백성들을 구원하시는 역사를 진행해 가십니다. 이것을 구원역사 혹은 구속사라고 합니다. 시간의 창조자와 역사의 주인 되시는 하나님께서는 구원역사를 매우 정확하고 정교하게 운행하십니다. 탁월한 영화감독은 작품 전체를 머릿속에 넣고서, 앞에서는 복선을 깔고 뒤로 갈수록 그것이 뜻했던 바를 다 드러냅니다. 마찬가지로, 하나님은 구약의 일들을 행하실 때 이미 신약의 성취를 생각하셨습니다.

무엇보다 하나님은 구원역사를 진행해 가시면서 그리스도를 정점에 오게 하셨습니다. 하나님은 그리스도를 통해 이 세상을 만드셨고, 그리스도를 통해 계시를 주시며, 그리스도를 통해 구원을 성취하십니다. 성경을 읽을 때 반드시 그리스도 중심적으로 살펴봐야 하는 이유가 바로 여기에 있습니다.

예표가 되는 구약 인물

우리는 구약성경을 읽을 때, 구약에 나오는 여러 사건과 인물, 장소와 물건 등이 그리스도와 어떤 관계가 있는지 살펴봐야 합니다. 많은 것들이 그리스도를 예표하기 때문입니다. 예표라는 것은 구원역사 속의 어떤 사건, 인물, 장소, 물건 등이 그리스도와 그분의 복음을 미리 보여주는 것을 뜻합니다.

누가복음 24장 44절에서 예수님은 "또 이르시되 내가 너희와 함께 있을 때에 너희에게 말한 바 곧 모세의 율법과 선지자의 글과 시편에 나를 가리켜 기록된 모든 것이 이루어져야 하리라 한 말이 이것이라 하시고"라고 하셨습니다.[1] 모세의 율법과 선지자의 글과 시편은 구약성경을 뜻합니다. 구약성경은 예수님과 그분의 복음에 대해 가리키는 것을 담고 있습니다. 그것이 바로 예표입니다.

구약의 성전, 제사장, 제물은 그리스도를 예표합니다(히 5장). 노아 시대 방주는 신약의 교회를 예표합니다(벧전 3:20). 그밖에도 시편의 많은 기록들이 예수 그리스도를 미리 보여줍니다. 구약의 인물들도 마찬가지입니다. 구약의 왕들과 제사장들과 선지자들은 기름 부음 받은 자로서, 그리스도를 예표했습니다. 그들 가운데 모세나 다윗과 같은 이들은 그리스도를 긍정적으로 예표합니다. 한편 사울 왕과 같은 인물들은 오실 메시아가 어떤 분이 아닐지를 보여주는 반면교사 노릇을 하며 부정적 측면에서 그리스도를 예표합니다. 물론 긍정적으로 예표

---

1   (눅 24:27) 이에 모세와 모든 선지자의 글로 시작하여 모든 성경에 쓴 바 자기에 관한 것을 자세히 설명하시니라

한 인물들이라 해도 완전한 사람은 아무도 없었습니다. 우리의 궁극적인 구원자는 예수님 한 분밖에 없기 때문입니다. 이처럼 구약의 인물들은 예수님 안에서 그 온전한 모습을 성취합니다.

예표와 본보기

그런가 하면, 구약의 인물들은 우리에게는 본보기가 됩니다. 본문 6절 상반절에서 "이러한 일은 우리의 본보기가 되어"라고 합니다. 또한 11절에서 "그들에게 일어난 이런 일은 본보기가 되고"라고 합니다. 여기에서 "본보기"(튀포스)라는 말은 헬라어로는 예표라는 말과 똑같은 말입니다. 하나의 구약 인물이 예수님을 보여주는 예표가 되기도 하고, 우리에게는 본보기가 되기도 한다는 의미입니다.[2]

  구약의 인물들은 앞에서 말한 것처럼 그리스도를 지시하는 예표의 역할을 했고, 그와 동시에 그리스도를 통과하여 우리에게도 적용

---

2   4세기의 교부 아타나시우스는 구약의 인물들이 그리스도에게는 예표(豫表: 튀포스)가 되는 한편, 우리에게는 대형(對型: 안티튀포스)의 역할을 한다고 가르쳤다. James D. Ernest, "Die Heilige Schrift," in *Athanasius Handbuch*, ed. Peter Gemeinhardt (Tübingen: Mohr Siebeck, 2011), 282–91; Charles Kannengiesser, *Handbook of Patristic Exegesis: The Bible in Ancient Christianity*, Bible in Ancient Christianity, 2 vols. (Boston: Brill, 2004),1:238–39.

될 수 있는 모델들이 되어 본보기의 역할을 합니다. 구약 인물들의 선한 행동과 말들은 우리에게 좋은 본보기가 되고, 악한 행동과 말들은 반면교사로 작용하는 본보기가 됩니다.

구약의 인물들로 우리의 행동을 설명하기

우리는 구약의 인물들을 접할 때 그들의 삶이 우리에게 여전히 교훈이 된다는 사실을 깨달아야 합니다. 예를 들어, 나에게 주어진 일을 하루하루 성실하게 해 나갈 때 아버지 집의 양 떼를 충실하게 지켰던 다윗처럼 사는 것(삼상 17:34-36)이라고 말할 수 있습니다. 나에게 주어진 고난과 역경 속에서도 하나님을 찾고 부르짖을 때 욥처럼 사는 것(욥 1:42)이라고 고백할 수 있습니다. 또한 절망스러운 현실 속에서도 낙망하지 않고 미래의 소망을 붙잡을 때 이사야 선지자처럼 사는 것(사 52장)이라고 말할 수 있습니다.

그리스도를 통해 구약 인물을 적용하기

동시에 우리가 기억해야 하는 것은 구약의 인물들과 우리 사이에는 그리스도가 계신다는 사실입니다. 우리는 구약 인물들을 우리가 따라야 할 모범으로 삼을 수 있지만, 그것은 어디까지나 그리스도를 통과해서 된다는 사실을 기억해야 합니다. 따라서 성경의 인물들을 통해 우리의 행동을 설명할 때, 그리스도를 통해 해야 합니다. 그럴 때 우리는 그리스도를 본받는 자들로 살며,[3] 더 나아가서 그리스도께서 내 안에서 사시는 것을 경험합니다.[4]

예를 들어 나에게 주어진 일을 하루하루 성실하게 사는 것은 아버지 집의 양 떼를 충실하게 지켰던 다윗의 삶을 완성시키셔서 하나님 아버지께서 주신 일들을 온전히 이루신 그리스도처럼 사는 것이라고 말해야 합니다. 나에게 주어진 고난과 역경 속에서도 하나님을 찾고 부르짖을 때 욥보다 더 탁월하게 고난을 이겨내셨던 예수 그리스도처럼 사는 것이라고 고백해야 합니다. 또한 절망스러운 현실 속에서도 낙망하지 않고 미래의 소망을 붙잡을 때 이사야의 예언을 성취하셨던 예수 그리스도께서 주신 새로운 소망을 붙잡는 것이라고 말해야 합니다.

---

3   참조. 고전 11:1; 4:16; 갈 4:12; 빌 3:17; 살전 1:6; 살후 3:7; 히 13:7; 엡 5:1.

4   참조. 갈 2:20, 1:4, 2:8; 빌 1:21-22, 고후 10:3; 엡 3:17; 롬 14:7.

구원역사의 진전 방식

하나님의 위대한 구원역사 안에서 각각의 인물들은 이전 인물들을 반복하거나 모방하면서 살아갑니다. 구원역사의 진전은 이러한 반복과 모방을 통해 이뤄집니다. 우리의 삶도 구원역사의 한 자락을 차지하고 있음을 잊지 말아야 합니다. 구원역사의 도도한 물결 가운데 우리는 각자의 자리를 지키고, 맡고 있습니다. 그 자리를 잘 지키기 위해서 우리는 구원역사의 이전 시기들을 자세히 살펴볼 필요가 있습니다.

놀라운 것은 신약 시대를 살아가는 우리들에게는 구약 시대의 인물들보다 더욱 큰 특권이 주어졌다는 사실입니다. 구원역사의 중심이신 예수 그리스도께서 지금 우리 안에서 성령으로 우리가 믿음으로 살도록 도와주시기 때문입니다. 이것이 그리스도와의 연합입니다. 우리는 우리의 모든 행동에 대해 "이것은 그리스도께서 하셨던 것과 같다. 그리스도께서 내 안에서 행하시기 때문이다."라고 말할 수 있어야 합니다.[5] 이것이 신자의 순종을 통하여, 하나님께서 구원역사를 진행해 나가시는 방법입니다.

---

5   로완 윌리엄스, 『다시 읽는 아우구스티누스』, 이민희, 김지호 옮김(고양: 도서출판 100, 2021), 제2장과 제7장.

모세에게 속하여 세례를 받음

사도 바울은 오늘 본문 고린도전서 10장에서 바로 이런 맥락에서 세례의 의미를 제시합니다. 1-4절에 "다"가 반복됩니다. "모두 다"라는 의미입니다. 이스라엘 백성들은 모두 다 구름 아래에 있었고, 모두 다 바다를 통과했습니다. 그리고 모두 다 모세에게 속하여 세례를 받았습니다. 그들은 다 같은 신령한 음식과 음료를 먹고 마셨습니다.

우리가 주목할 것은 2절에 "모세에게 속하여 다 구름과 바다에서 세례를 받고"라는 말씀입니다. "모세에게 속하여"라는 표현은 모세 안으로 들어가서 세례를 받았다는 뜻이고, 이것은 모세와 연합했다는 의미입니다. 한 사람 모세 안으로 모든 사람이 다 포함되어서, 그와 함께 연합되어 구름과 바다에서 세례를 받았습니다. 구름은 이스라엘 백성들을 앞과 뒤에서 인도했던 구름을 말합니다.[6] 그것은 하나님의 인도와 보호를 상징합니다.[7] 바다는 당연히 이스라엘 백성들이 건넌 홍해 바다를 말합니다. 이스라엘 백성들은 홍해를 마른 땅처럼 건넘으로써 하나님의 구원을 체험했습니다. 그들은 모두 다 그렇게 구원받았던 것입니다.

---

6   출 13:21, 22; 14:19, 23; 40:38; 시 78:14; 105:39; 민 14:14; 느 9:12; 참고, 지혜서 10:17; 19:7.
David E. Garland, *1 Corinthians*, Baker Exegetical Commentary on the New Testament
(Grand Rapids, MI: Baker Academic, 2003), 449.

7   Garland, *1 Corinthians*, 449.

그리스도에게 속하여 받는 세례

이처럼 이스라엘 백성들이 홍해를 건넌 것이 바로 신약의 세례의 예표가 됩니다. 출애굽 당시 이스라엘 백성들이 모세와 연합하여 세례를 받은 것처럼, 오늘날 우리는 예수 그리스도와 연합하여 성부와 성자와 성령의 이름으로 세례를 받습니다.

우리가 그럴 수 있는 것은 예수님께서 먼저 우리와 같이 되셔서 세례 요한에게 세례를 받으셨기 때문입니다(마 3:13-17; 막 1:9-11; 눅 3:21-22). 시간의 창조자이자 역사의 주인되신 예수님께서 이 역사 속으로 직접 오셔서 우리와 함께 세례를 받으심으로, 구원역사가 이제 예수 그리스도의 역사가 되게 하셨습니다. 모세의 홍해 세례는 예수님의 요단강 세례로 완성되었습니다. 이제 우리는 예수님과 연합하여 세례 받음으로써, 구원역사의 완성을 경험하게 됩니다.

모세에게 속하여 받는 세례와 그리스도에게 속하여 받는 세례의 유사점

모세와 연합하여 세례를 받는 것과 예수 그리스도와 연합하여 세례를 받는 것에는 유사점과 차이점이 있습니다. 첫째 유사점은 한 사람이 대표자가 되어, 구원의 은혜가 모든 백성에게 주어진다는 점이고, 둘째 유사점은 하나님의 백성들이라면 누구든지 모두 다 세례를 받는

다는 사실입니다.

여기에서 교회생활을 하면서 생기는 세례에 대한 질문들을 몇 가지 다루겠습니다. 먼저 "예수님만 믿으면 되지 왜 굳이 세례를 받아야 하는가?"라는 질문입니다. 만약 구약 시대 이스라엘 백성들이 "하나님만 믿으면 되지 왜 굳이 모세에게 속하여 홍해를 건너야 하는가?"라고 질문했다면 어떨까요? 말이 안 되는 질문일 것입니다. 오늘날 세례는 구약 시대 홍해를 건너는 일을 다시 재현하는 것이며, 예수님께서 세례 받으신 사건을 다시 기억하는 것입니다. 그렇게 해서 우리는 하나님의 위대한 구원 역사가 우리 속에 다시 살아있게 합니다. 이스라엘 백성들이 모세에게 속하여 애굽에서 약속의 땅으로 넘어가기 위해서 홍해를 건넌 것처럼, 이제 신약의 모든 교회는 그리스도에게 속하여 옛 사람의 영역에서 새 사람의 영역으로 넘어와야 합니다. 죄와 사망과 사탄이 지배하는 영역에서 의와 생명과 성령의 지배를 받는 영역으로 옮겨져야 합니다. 여기에는 예외가 있을 수 없습니다. 하나님께서 주신 세례를 잘못된 고집과 상식으로 거부하지 마시기 바랍니다. 예수님을 믿는 사람은 모두 다 세례를 받아야 합니다.

또 "이제 막 예수님을 믿기 시작해서 아직 신앙에 대해 잘 모르고, 솔직히 삶도 부족함이 많은데, 좀 더 완전해지면 세례를 받자."라는 말에 대해 생각해보겠습니다. 똑같이 홍해 앞에 선 이스라엘 백성들이 "내가 신앙도 신통치 않은데, 지금 홍해를 건너기는 좀 그래. 나중에 믿음이 좋아지면 건너자."라고 말했을까요? 아닐 것입니다. 베드로전서 3장 21절은 이렇게 말씀합니다.

물은 예수 그리스도께서 부활하심으로 말미암아 이제 너희를 구원하
는 표니 곧 세례라 이는 육체의 더러운 것을 제하여 버림이 아니요 하나
님을 향한 선한 양심의 간구니라(벧전 3:21)

세례는 모든 육적인 죄를 벗어버려서 완전한 거룩함에 이르렀다
는 표가 아니라 내가 예수님을 믿고 죄용서 받았으며 구원받았다는
표시입니다.[8] "하나님 저를 도와주세요!"라고 하는 선한 양심의 간구
입니다. 구약 시대 이스라엘 백성들이 모세에게 속하여 홍해를 건너
는 세례를 받은 것처럼, 지금 우리는 그리스도와 연합하였기에 세례를
받는 것입니다. 물론 믿음이 없으면 세례를 받을 수 없습니다. 하지만
예수님을 믿는 사람은 모두 다 세례를 받아야 합니다.

유아세례도 마찬가지입니다. "자녀가 예수님을 믿을 때 세례 받으
면 되지, 왜 아직 아무 것도 모르는 지금 세례를 받으라고 하는가?"라
고 질문할 수도 있습니다. 여러분, 상상해 보십시오. 구약 시대 이스라
엘 백성들이 홍해 앞에서 "내 어린아이들은 하나님에 대해 아직 잘
모르니까 일단 홍해 이편에 남아있다가, 나중에 신앙에 대해 잘 알고

---

8   Karen H. Jobes, *1 Peter*, Baker Exegetical Commentary on the New Testament (Grand
     Rapids, MI: Baker Academic, 2005), 255-56.

나면 그때 홍해를 건너게 하자."라고 했다면, 그 얼마나 어리석고 우스꽝스러운 일이 되겠습니까?

신자의 자녀들은 왜 유아세례를 받습니까? 그 아이가 나중에 분명히 믿을 것이기 때문이 아닙니다. 그 아이의 부모가 믿음이 좋아서도 아닙니다. 믿음은 대신 해줄 수 있는 것이 아니기 때문입니다. 신자의 자녀에게 세례를 베푸는 이유는 하나님의 약속 때문입니다. 하나님께서 주신 언약은 신자와 그 자녀들에게 주신 것이기 때문입니다. 사도행전 2장 38-39절에서 베드로는 이렇게 말합니다.

> 베드로가 이르되 너희가 회개하여 각각 예수 그리스도의 이름으로 세례를 받고 죄 사함을 받으라 그리하면 성령의 선물을 받으리니 이 약속은 너희와 너희 자녀와 모든 먼 데 사람 곧 주 우리 하나님이 얼마든지 부르시는 자들에게 하신 것이라 하고(벧전 2:38-39)

여기에서 중요한 것은 이 약속이 너희와 너희 자녀에게 주어져 있다는 것입니다. 언약의 대상은 믿는 자와 그들의 자녀들입니다. 그래서 사도행전 16장에 감옥에서 바울과 실라를 지키던 간수가 예수님을 믿게 되었을 때 그 온 가족이 다 세례를 받았다(행 16:33)고 합니다.[9]

---

9 (행 16:33) 그 밤 그 시각에 간수가 그들을·데려다가 그 맞은 자리를 씻어 주고 자기와 그 온 가족이 다 세례를 받은 후

그렇기에 예수님을 믿는 사람은 모두 다 세례를 받아야 하고, 부모 중에 한쪽이라도 신앙이 있으면, 그 자녀들은 유아세례를 받아야 합니다. 우리는 세례를 행함으로 출애굽의 홍해 사건을 재현하고, 예수님의 요단강 세례를 기억하는 것입니다. 우리는 그리스도와 연합하여 세례를 받음으로 하나님의 구원 역사가 오늘날에도 지속되도록 하고 있습니다.

모세에게 속하여 받는 세례와 그리스도에게 속하여 받는 세례의 차이점

그렇다면 모세와 연합하여 세례를 받는 것과 예수 그리스도와 연합하여 세례를 받는 것 사이의 차이점은 무엇일까요? 그것은 그리스도와 연합하여 받는 세례가 더욱 견고하고 확실하다는 사실입니다. 오늘 본문에서 사도 바울은 5절에 "그러나 그들의 다수를 하나님이 기뻐하지 아니하셨으므로 그들이 광야에서 멸망을 받았느니라"라고 합니다. 구약 시대 모세에게 속하여 홍해에서의 세례를 받은 사람들은 모두 다 세례를 받았지만, 모두 다 구원을 받은 것은 아니었습니다. 오히려 그들 중에 다수가 멸망 당하였습니다. 구약 시대 언약도 은혜 언약이고, 신약 시대 언약도 은혜 언약이지만, 신약의 은혜 언약은 더욱 강한 언약입니다. 참으로 예수 그리스도를 믿고 세례를 받은 사람은 결코 멸망 당하지 않기 때문입니다.

본문은 구약백성들과 신약백성들의 차이를, 몇 가지 죄를 언급하면서 구체적으로 보여줍니다. 구약 이스라엘 백성들은 홍해에서 세례를 받았지만 악을 즐겨하였고(6절), 우상 숭배했고(7절), 음행했고(8절), 주님을 시험했고(9절), 원망했습니다(10절).

그러나 신약의 세례를 받은 사람들은 이러한 죄악에 빠지지 않습니다. 왜 그렇습니까? 먼저 말씀으로 경고를 받기 때문입니다. 11절에서 사도 바울은 이렇게 말씀합니다.

> 그들에게 일어난 이런 일은 본보기가 되고 또한 말세를 만난 우리를 깨우치기 위하여 기록되었느니라(고전 10:11)

그렇습니다. 하나님은 구약성경을 우리에게 주셔서 예수님 믿고 세례를 받은 신약의 백성들은 구약 이스라엘 백성들과 같이 살지 않도록 해주십니다.

과연 우리가 이러한 경고를 받을 때 악을 즐기지 않고, 우상 숭배를 하지 않고, 음행하지 않고, 그리스도를 시험하지 않고, 원망하지 않으면서 살 수 있을까요? 그럴 수 있습니다. 왜 그럴까요? 13절에 또 하나의 이유가 나와 있습니다.

> 사람이 감당할 시험 밖에는 너희가 당한 것이 없나니 오직 하나님은 미쁘사 너희가 감당하지 못할 시험 당함을 허락하지 아니하시고 시험

당할 즈음에 또한 피할 길을 내사 너희로 능히 감당하게 하시느니라
(고전 10:13)

이 구절에서 가장 중요한 말씀은 "오직 하나님은 미쁘사"라는 말씀입니다. 직역하면 하나님은 믿음직하다는 의미입니다. 하나님은 신실하시다는 뜻입니다. 무슨 말입니까? 우리를 불러 믿게 하시고, 세례를 받게 하신 하나님은 우리 삶을 끝까지 책임지신다는 말씀입니다.

4절에서 사도 바울은 구약 시대 이스라엘 백성들에게 생수를 먹게 했던 그 반석은 바로 그리스도이셨다고 말씀합니다. 그리스도께서 우리 구원의 반석이 되십니다. 그리스도께서 우리에게 성령의 생수를 마시게 해주십니다. 우리처럼 낮아지셔서 세례를 받으신 그리스도께서 지금도 살아서 세례 받은 우리를 따라다니며 우리 안에서, 우리 옆에서, 우리 위에서 우리를 지켜 보호해 주시며 악한 자가 틈타지 못하게 하십니다. 하나님은 우리가 감당하지 못할 시험을 허락하지 않으십니다. 홍해를 건넌 이스라엘 백성 중 다수가 멸망했지만, 이제 신약의 우리가 멸망 당하지 않는 이유는 예수 그리스도께서 우리와 연합해 계시기 때문입니다. 그리스도께서는 자신과 연합하여 세례를 받은 자들을 절대로 포기하지 않으십니다. "주와 같이 길 가는 것 즐거운 일 아닌가!" 이 고백이 여러분의 고백이 되기를 바랍니다.

전체 그리스도(TOTUS CHRISTUS)와 세례

마지막으로 한 가지 더 강조할 것은 "우리"라는 표현입니다. 사도 바울은 이 본문 전체에서 "우리"라는 표현을 계속 반복합니다. 그것은 우리가 세례를 통해서 하나님의 공동체에 속하기 때문입니다. 예수님과 연합한다는 것은 하나님의 백성들과 연합하는 것과 같은 의미입니다. 교회는 그 전체가 예수님의 몸이기 때문입니다.[10]

그렇기에 우리는 세례를 소중하게 생각해야 합니다. 세례를 통해서 우리는 하나님의 위대한 구원 역사를 다시 재현하고 체험합니다. 그리고 세례를 통해서 우리와 연합하신 그리스도는 우리가 죄를 극복하고 시험을 이기도록 도우십니다. 세례를 통해서 우리는 하나님의 온 백성들과 연합합니다. 이미 세례를 받은 분들과 앞으로 세례를 받

---

10 교부들이 말한 "토투스 크리스투스"(totus Christus) 사상이 이것이다. Goulven Madec, "Christus," in *Augustinus-Lexikon*, vol. 1, ed. C. Mayer (Basel: Schwabe, 1992), cols. 845–908 가운데 cols 879–82에는 "totus Christus" 사상이 잘 설명되어 있다. "전체 그리스도"의 개념 가운데 본 연구에서 중요한 요소는 세 가지이다. 첫째, 모든 그리스도인을 그리스도(의 지체)로 여기는 것이며, 따라서 신자를 사랑하는 것은 그리스도를 사랑하는 것이 된다는 원리이다. 둘째, 더 나아가서 모든 사람을 그리스도를 통해서 사랑하는 것이며, 따라서 이웃을 사랑하는 것은 그리스도를 사랑하는 것이 된다는 원리이다. 셋째, 사랑의 완성은 모든 사람이 온전한 연합으로 모일 때 이뤄진다는 원리이다. 이에 대한 보다 자세한 설명은 아래 논문을 보라. 우병훈, "아우구스티누스의 『신국론』에 나타난 사랑의 갈등," 「한국개혁신학」 70 (2021): 168–217(특히 193–94).

으실 분들이 세례의 이 온전한 의미를 늘 누리길 바랍니다. 아멘.[11]

---

11 세례가 가지는 연합의 의미에 대해서는 우병훈, 『교리 설교』(군포: 도서출판 다함, 2021)에서 같은 본문인 고전 10:1-13에 대한 설교(특히 64-67쪽)를 참조하라.

Redemptive-Historical
Sermon
3

터진 웅덩이와
생수의 근원

(예레미야 2:13; 요한복음 7:38)

터진 웅덩이와 생수의 근원

13. 내 백성이 두 가지 악을 행하였나니 곧 그들이 생수의 근원되는 나를 버린 것과 스스로 웅덩이를 판 것인데 그것은 그 물을 가두지 못할 터진 웅덩이들이니라

(예레미야 2장 13절)

38. 나를 믿는 자는 성경에 이름과 같이 그 배에서 생수의 강이 흘러나오리라 하시니

(요한복음 7장 38절)

예레미야

예레미야라는 이름은 "하나님께서 기뻐하신다"라는 뜻입니다.[1] 예레미야는 제사장 힐기야의 아들이었습니다. 제사장은 정기적으로 예루살렘 성전에 출입하여 섬겨야 했기 때문에 예레미야의 가족은 예루살렘에서 가까운 아나돗이라는 마을에 살았습니다.[2] 많은 학자들은 예레미야가 하나님의 부르심을 받았을 때가 약 17~20세 사이의 젊은 청년이었을 것으로 추정합니다.[3] 예레미야 1장 5절에는 하나님께서 예

---

1 예레미야서에 대한 좋은 주석들은 아래와 같다. J. A. Thompson, *The Book of Jeremiah*, The New International Commentary on the Old Testament (Grand Rapids: Eerdmans, 1980); R. K. Harrison, *Jeremiah and Lamentations: An Introduction and Commentary*, vol. 21, Tyndale Old Testament Commentaries (Downers Grove, IL: InterVarsity Press, 1973); F. B. Huey, *Jeremiah, Lamentations*, vol. 16, The New American Commentary (Nashville: Broadman & Holman Publishers, 1993); Peter C. Craigie et al., *Jeremiah 1-25*, vol. 26, Word Biblical Commentary (Dallas, TX: Word, Incorporated, 1991). 이 중에서 TOTC와 WBC는 우리말 번역이 나와 있다. 예레미야의 이름의 의미가 "하나님께서 [태를] 여셨다."를 뜻한다고 추정하는 사람도 있다. 둘 중에 어떤 뜻인지 결정하기 어렵다. Thompson, *The Book of Jeremiah*, 139. 더 중요한 것은 예레미야의 역사적 중요성이다. 존 브라이트는 이렇게 말한다. "이스라엘의 신앙이 민족의 비극을 넘어 존속하게 된 것은 주로 현실적으로 제기된 신학적 문제점들에 대해 몇몇 선지자들이 앞서서 이미 답을 주었기 때문이었다. 다른 선지자들도 이 답에 이바지하긴 했지만, 그 누구보다도 예레미야와 에스겔이 지대한 공헌을 하였다." 존 브라이트, 『이스라엘의 역사』, 제3판, 박문재 옮김(서울: 크리스챤다이제스트, 1995), 458.

2 아나돗은 예루살렘 북서쪽으로 약 4.8km 근처에 있었다. Huey, *Jeremiah, Lamentations*, 47.

3 그는 40년을 활동했으니 약 60세까지 활동한 셈이다. Thompson, *The Book of Jeremiah*, 141: "예레미야의 사역 기간은 요시야 통치 제13년 즉 주전 627년부터 제2차 추방 시기인 주전 587

레미야를 부르시는 장면이 나옵니다.

> 내가 너를 모태에 짓기 전에 너를 알았고 네가 배에서 나오기 전에 너
> 를 성별하였고 너를 여러 나라의 선지자로 세웠노라 하시기로(렘 1:5)

제사장의 아들이었던 예레미야는 자기도 장차 제사장이 되리라고 생각했을 것입니다. 그러나 하나님의 생각은 달랐습니다. 예레미야 1장 2절에는 여호와의 말씀이 예레미야에게 임하였다고 기록되어 있습니다. 아무리 사람이 자기의 길을 계획할지라도 실제로 그 인생을 인도하시는 분은 하나님이십니다(잠 16:9). 하나님은 우리 인생에 대해 분명한 뜻과 계획을 갖고 계십니다. 우리는 때로 우리의 선택에 따라 교회 나오고, 예수님을 믿고, 우리 인생을 결정한다고 생각합니다. 그러나 성경은 이 모든 것에 하나님의 부르심이 있다고 말씀합니다. 하나님은 모든 일을 영원 전에 생각하셨습니다. 그리고 그것을 시간 속에서, 인류의 역사 속에서, 한 사람의 인생 가운데서 실행하십니다.

년까지 이른다." 예레미야는 아나돗에 살았던 제사장 힐기야의 아들이지, 주전 622년에 성전에서 율법책을 발견한 힐기야(왕하 22:8)의 아들이 아니다(Huey, *Jeremiah, Lamentations*, 47).

사명자의 길

우리 인생의 목적은 하나님의 부르심을 받들어 사는 데 있습니다. 아무리 사소한 일이라 할지라도 하나님의 뜻을 받들어 한다면 위대한 일이 됩니다. 반대로 아무리 위대한 일을 하며 산다 해도 하나님과 무관한 인생은 영적으로 볼 때 의미가 없습니다.

　오늘날의 시대는 주의가 산만한 시대이며, "딴짓(distraction)"에 쉽게 빠져드는 시대입니다. 스마트폰이 우리를 계속 유혹하기 때문입니다. 2020년 5월에 나온 신문기사에 따르면, 강릉시내 중학생 908명을 대상으로 조사한 결과, 중학생 4명 중 1명 이상이 스마트폰 중독이거나 중독 성향을 가진 것으로 나타났습니다.[4]

　스마트폰 중독에 빠지지 않으려면 어떻게 해야 할까요? 『딴짓에 빠지지 않는』이라는 책을 쓴 니르 이얄(Nir Eyal)이라는 사람은 "딴짓(distraction)의 반대는 집중(focus)이 아니라, 계획된 행동(traction)이다."라고 말했습니다.[5] 그는 스마트폰을 얼마든지 사용해도 된다고 말합니다. 게임도 할 수 있고, 유튜브를 볼 수도 있고, 카톡이나 페이스북이나 인스타그램을 할 수도 있습니다. 하지만 중요한 것은 자신의 계획과

4　http://www.akomnews.com/bbs/board.php?bo_table=news&wr_id=39327 (2021.6.25. 접속)

5　Nir Eyal, *Indistractable* (Benbella Books, 2019).

목적에 따라 그것을 하는 것입니다. 목적이 있는 사람은 시간을 낭비하지 않습니다. 하나님은 우리들의 인생에 대한 아무런 계획 없이 이 땅에 보내지 않으셨습니다. 반드시 하나님께서 맡기시는 고유한 사명을 이루도록 뜻하십니다.

사람마다 사명을 찾는 과정은 다릅니다. 예레미야의 경우처럼 어떤 사람에게는 사명이 거절할 수 없는 부르심으로 다가오기도 합니다. 하지만 창세기에 나오는 요셉의 경우처럼 어떤 사람에게는 사명이 오랜 시간을 거쳐서 찾아오기도 합니다. 분명한 것은, 하나님께서 우리를 하나님의 백성으로 부르실 때 분명한 목적이 있다는 것입니다.

종교개혁자 마르틴 루터는 "소명", 즉 "부르심"에는 7가지 의미가 있다고 했습니다. 구원으로의 부르심, 목회자로의 부르심, 직분자로의 부르심, 특별한 사명으로의 부르심, 가족으로의 부르심, 직업으로의 부르심, 일상으로의 부르심이 그것입니다. 이 부르심을 찾아나서는 여행이야말로 세상에서 가장 행복한 여행입니다.

이스라엘과 싸우시는 하나님

예레미야 2장에서 하나님은 이스라엘 백성들을 상대로 소송을 제기하고 있습니다.[6] 9절에서 하나님은 이렇게 말씀하십니다.

그러므로 내가 다시 싸우고 너희 자손들과도 싸우리라 여호와의 말씀
이니라(렘 2:9)

여기에 "싸우다"(히, 리브)라는 말이 두 번이나 사용되었습니다. 이
말은 법적인 소송을 할 때 사용되는 전문용어입니다. 왜 하나님께서
이스라엘 백성들과 다투십니까? 왜 그들을 대상으로 소송을 거십니
까? 그것은 하나님께서 그들을 극진히 사랑하셨음에도 불구하고 그
들이 하나님을 버렸기 때문입니다. 만일 하나님이 이스라엘 백성들을
전혀 사랑하지 않으시는데도, 그들이 잘못했을 때 다투고 소송하신
다면 이해가 안 될 것입니다. 평소에는 관심도 없었으면서 잘못했다고
야단치는 것은 앞뒤가 맞지 않기 때문입니다. 그러나 하나님은 이스라
엘 백성들이 어그러진 길로 갈 때 그들을 책망하시고 의분(義憤)을 발
하실 권리가 있습니다. 그들을 극진히 사랑하시고 돌봐주셨기 때문입
니다.

---

6 피터 크레이기 외, 『WBC 성경주석 예레미야(상)』, 1-25장, 권대영 옮김(서울: 솔로몬, 2003),
   107-8; Thompson, *The Book of Jeremiah*, 159-60.

나 여호와가 이와 같이 말하노라 너희 조상들이 내게서 무슨 불의함
을 보았기에 나를 멀리 하고 가서 헛된 것을 따라 헛되이 행하였느냐
(렘 2:5)

하나님은 이스라엘 백성들을 애굽 땅에서 인도하여 내신 분이십
니다. 열 가지 재앙으로 바로를 항복시킨 분이십니다. 홍해를 가르셔
서 이스라엘 백성들이 건너게 하시고, 바로와 그 군사들은 수장시키
셨습니다. 하나님은 시내 산에서 그들과 언약을 맺으시고, 율법을 주
셨습니다. 그리고 광야 40년 동안 돌봐주셨고. 결국 광야를 통과하여
약속의 땅 가나안에 이르게 하셨습니다(6절).

이토록 큰 사랑을 받은 민족이 어디에 있습니까? 신명기 4장에서
모세는 이렇게 말씀합니다.

우리 하나님 여호와께서 우리가 그에게 기도할 때마다 우리에게 가까
이 하심과 같이 그 신이 가까이 함을 얻은 큰 나라가 어디 있느냐 오늘
내가 너희에게 선포하는 이 율법과 같이 그 규례와 법도가 공의로운 큰
나라가 어디 있느냐(신 4:7-8)

그런데 안타깝게도 이스라엘 백성들은 가나안에서 사는 동안 하
나님을 완전히 망각하고 말았습니다. 이스라엘의 역사는 하나님의 마
음을 아프게 한 역사, 하나님의 인내를 계속해서 시험하는 역사가 되

고 말았습니다. 헤르만 바빙크의 말대로, 계시의 역사는 하나님의 수난의 역사가 되었습니다.[7]

이스라엘의 죄

그렇다면 이스라엘의 죄는 무엇입니까?

> 내가 너희를 기름진 땅에 인도하여 그것의 열매와 그것의 아름다운 것을 먹게 하였거늘 너희가 이리로 들어와서는 내 땅을 더럽히고 내 기업을 역겨운 것으로 만들었으며(렘 2:7)

이스라엘의 죄는 하나님께서 그들에게 주신 좋은 것을 하나님의 영광을 위해 사용하지 않고 남용하고 오용한 것입니다. 그것이 바로 우상숭배입니다. 여러분, 하나님께서 우리에게 주신 좋은 것은 선하고 아름다운 것입니다(딤전 4:4-5). 문제는 그것을 하나님의 영광을 위해 쓰

7 헤르만 바빙크, 『개혁교의학』, 총 4권, 박태현 옮김(서울: 부흥과개혁사, 2011), 3:335(#362); Herman Bavinck, *Reformed Dogmatics: Sin and Salvation in Christ*, vol. 3 (Grand Rapids, MI: Baker Academic, 2006), 275: "the history of revelation is the history of God's suffering." 물론 여기에서 바빙크가 말하는 "하나님의 수난"이라는 것은 성부수난설을 전혀 뜻하지 않는다. 다만, 하나님께서 그 백성의 불순종 가운데서도 오래 참으셨음을 뜻하는 표현이다.

지 않고 단지 나의 쾌락과 목적을 위해 사용하는 것입니다. 그러면 우상숭배가 됩니다.

교부 아우구스티누스는 '향유(프루이, frui)'와 '사용(우티, uti)'이라는 개념을 구분했습니다. '프루이'란 그 자체의 목적을 위해 무언가를 누리고 즐거워하는 것입니다. 반면에 '우티'는 인간이 다른 더 높은 목적을 위해 무언가를 사용하는 것입니다. 아우구스티누스는 '프루이'의 대상, 즉 그 자체를 목적으로 하는 온전한 사랑의 대상은 하나님뿐이라고 말합니다. 반대로 하나님을 제외한 모든 것은 '우티'의 대상입니다. 즉, 그 자체를 목적으로 향유하지 않고, 하나님을 향유하기 위한 수단으로 사용되어야 합니다.[8] 이스라엘 백성들은 이 세상의 것들을 하나님을 위해 사용하지 않고, 그것 자체를 즐거워하면서 자신을 만족시켰습니다. 그들은 과연 행복해졌을까요? 그렇지 않습니다. 오히려 멸망하여 이방나라의 포로로 잡혀가게 되었습니다.

돈을 버는 것은 나쁜 것이 아닙니다. 하지만 돈 버는 것이 최고의 목적이 되어 다른 모든 일과 인간관계가 돈 버는 것에 밀려버렸다면, 영적으로 큰 위기에 빠진 것입니다. 이것이 바로 우상숭배입니다. 우상숭배는 사람을 그렇게 몰아갑니다. 다른 것은 보이지 않게 합니다. 모든 것을 그 우상에 쏟아 붓게 합니다.

---

8   이에 대해서는 아래 글을 보라. 우병훈, 『기독교 윤리학』(서울: 복있는사람, 2019), 104.

터진 웅덩이들

본문 13절에서 하나님은 이스라엘 백성들의 죄를 두 가지로 요약하십니다.

> 내 백성이 두 가지 악을 행하였나니 곧 그들이 생수의 근원되는 나를 버린 것과 스스로 웅덩이를 판 것인데 그것은 그 물을 가두지 못할 터진 웅덩이들이니라(렘 2:13)

우리의 마음은 하나님을 향하도록 지음 받았기에 우리는 오직 하나님 안에서만 안식을 누리게 되어 있습니다.[9] 그런데 이스라엘 백성들은 생수의 근원이신 하나님을 버렸습니다. 그들의 마음은 공허해졌고, 불안해졌습니다. 그래서 그들 스스로 웅덩이를 파 보았지만 그 웅덩이는 물을 가두지 못하는 터진 웅덩이가 되고 말았습니다. 고대 사람들은 물을 가둬놓기 위해 석회암으로 웅덩이를 만들었습니다. 그런데 그 위에 특별한 코팅을 해야 물이 새지 않았습니다. 처음에는 물이 새는지 아닌지 알 수 없지만 시간이 지나면 결국 물이 다 새어버립니다. 지옥으로 내려가는 길은 내리막길인지 아닌지 알 수 없는 아주 완

---

9 『고백록』, 1.1.

만한 경사의 내리막길입니다.[10]

왜 사람들이 헛것에 빠집니까? 하나님을 떠났기 때문입니다. 터진 웅덩이는 반드시 바닥을 드러내게 되어 있습니다. 세상 사람들은 터진 웅덩이에서 물을 찾다가 결국 바닥을 긁게 됩니다. 신자도 마찬가지입니다. 하나님으로 만족할 줄 모르면 다른 것에 집중합니다. 좀 더 나은 것, 좀 더 편한 것, 좀 더 많은 것을 추구하지만, 그게 다 터진 웅덩이라는 것을 모릅니다. 예레미야가 만일 서울의 아파트값이 그렇게 천정부지로 치솟는 것을 보면 터진 웅덩이라고 생각했을 것입니다. 코로나가 창궐하고 있음에도 술집이나 유흥가에 사람들이 몰리는 것을 봤다면 터진 웅덩이라고 생각했을 것입니다.

청소년들이나 대학생들은 유튜브나 게임에서 만족을 찾으려고 합니다. 하나님을 믿긴 하지만 하나님이 아니라 세상에서 만족을 찾습니다. 아이들이 어릴 적부터 영상을 보는 습관이 들도록 방치하는 것도 문제입니다. 전세계적으로 많이 보는 유튜브 동영상이 '아기들이 보는 인형 동영상'이라고 합니다. 부모들이 나서서 터진 웅덩이로 아이들을 안내하는 겁니다. 요즘은 유튜버가 되는 것이 꿈인 초등학생들

---

10 C. S. 루이스, 『스크루테이프의 편지』, 김선형 옮김(서울: 홍성사, 2005), "편지 12"의 제일 마지막 부분에 나오는 다음의 표현을 수정했다. "사실 가장 안전한 지옥행 길은 한 걸음 한 걸음 가게 되어 있다. 그것은 경사도 완만하고 걷기도 쉬운데다가, 갈랫길도, 이정표도, 표지판도 없는 길이지."

과 청소년들이 많습니다. 어떤 초등학생은 유튜브 동영상으로 한 달에 수백만 원을 벌기도 한답니다. 저는 유튜버가 되는 것 자체를 비판하는 게 아닙니다. 문제는 초등학생 때부터 그렇게 많은 돈을 버는 유튜버가 되는 것은 옳지 않다는 것입니다. 아직 가치관, 인생관이 올바르게 형성되어 있지 않기 때문입니다. 이 시대는 정말 하나님을 떠나 살기 쉬운 시대라고 할 수 있습니다. 터진 웅덩이의 시대입니다.

생수의 근원이신 예수님과 생수의 강이신 성령님

신약 성경에서 예수님은 동일한 말씀을 하십니다.

> 누구든지 목마르거든 내게로 와서 마시라 나를 믿는 자는 성경에 이름과 같이 그 배에서 생수의 강이 흘러나오리라 하시니 이는 그를 믿는 자들이 받을 성령을 가리켜 말씀하신 것이라 (요 7:37-39)

여기에서도 예수님은 목마른 사람에 대해 말씀합니다. 구약의 이스라엘 백성들이 터진 웅덩이에서 인생의 답을 찾으려고 하는 것처럼, 신약의 유대인들도 인생의 해답을 찾지 못해 목말라 하는 상태에 있었습니다. 그러한 자들에게 주님은 말씀하십니다. "나를 믿는 자는 ... 그 배에서 생수의 강이 흘러나오리라." 여기에서 "그 배"는 문법적으로 예수님의 배도 될 수 있고, 믿는 자의 배도 될 수 있습니다.[11] 먼저 우리는 생수의 근원이신 예수님의 배에서 나오는 생수의 강 성령님을 생각할 수 있습니다. 예수님께서 우리에게 성령을 보내주시기 때문입니다. 동시에 예수님을 믿는 자의 배이기도 합니다. 믿는 자는 예수님과 연합해 있기 때문입니다(요 15:5). 신자는 예수님의 배에서 나오는

---

11 D. A. 카슨, 『요한복음』, PNTC 주석 시리즈, 박문재 옮김(서울: 솔로몬, 2017), 589-93. 카슨은 '믿는 자의 배'라고 주장한다. 이 주석의 원본은 아래와 같다. D. A. Carson, *The Gospel according to John*, The Pillar New Testament Commentary (Leicester, England: Grand Rapids, MI: Inter-Varsity Press; W.B. Eerdmans, 1991). 카슨의 요한복음 주석은 그의 다른 책들과 마찬가지로 매우 풍성한 배울 거리들을 제공한다. 1장 주석만 보더라도 그가 얼마나 방대한 양의 지식을 갖고 있는지를 알게 된다. 그 외에도 요한복음 주석은 아래와 같은 주석들이 좋다. Andreas J. Köstenberger, *John*, Baker Exegetical Commentary on the New Testament (Grand Rapids, MI: Baker Academic, 2004)는 신학적 측면도 잘 다루고 있다; Leon Morris, *The Gospel according to John*, The New International Commentary on the New Testament (Grand Rapids, MI: Wm. B. Eerdmans Publishing Co., 1995)는 복음주의적 관점에서 잘 기술한 책이다; William Hendriksen, *Exposition of the Gospel according to John*, 2 vols., New Testament Commentary (Grand Rapids: Baker Book House, 2001)은 나온 지는 오래 되었지만 헨드릭슨의 상당히 깊은 묵상과 통찰들이 담겨 있는 좋은 주석이다; Raymond E. Brown, *The Gospel of John*, 2 vols., Anchor Bible 29-29A (New York: Doubleday, 1966, 1970)은 매우 전문적이지만 요한복음에 대해 다룰 수 있는 주제들을 거의 다 다루고 있다. 탁월한 주석이다. 특히 브라운의 책 곳곳에 나오는 불트만과의 대결이 아주 인상적이다. 국내에 나온 서적들 중에 아래의 두 권을 적극 추천한다. 황원하, 『요한복음』 (SFC, 2021 [개정판])은 간단명료하면서도, 핵심과 적용까지 잘 담아낸 아주 좋은 주석이다. 얀 판 더 바트, 『요한문헌 개론』(황원하 옮김; 기독교문서선교회, 2011)의 제 1장과 2장은 요한복음 및 요한서신의 가르침을 전체적으로 이해하는 데 큰 도움이 된다. 그 외에도 루돌프 슈나켄부르크(Rudolf Schnackenburg), 킹슬리 바렛(Kingsley Barrett), 울리히 부쎄(Ulrich Busse), 로버트 카이사르(Robert Kysar) 등의 저작물은 요한복음 연구를 위해서 매우 중요하다.

성령을 받아 그 마음속에 끊임없이 솟아나는 성령의 활력과 능력을 경험하게 됩니다.

예레미야는 하나님이 생수의 근원이라고 했습니다. 이스라엘 백성들이 그 하나님을 버렸을 때 하나님은 그들을 포기하셨습니까? 그렇지 않습니다. 하나님의 백성들이 터진 웅덩이에서 바닥을 긁고 있을 때, 하나님은 생수의 근원이 되신 예수님을 보내 주셨습니다. 예수님은 우리의 생수의 근원이 되시기 위해 십자가에서 물과 피를 다 쏟으셨습니다. 이제 주님은 당신을 믿는 자에게 영원한 생수의 근원이 되어 주십니다. 믿는 자는 그 배에서 성령의 생수의 강이 샘솟게 됩니다.

신자의 배에서 생수의 강이 넘쳐난다는 것은 무슨 뜻일까요? 그것은 매일 예수님과 연합하여 살아가기에 주님과 교제하며 누리는 기쁨이 있다는 것입니다. 신자는 삶의 역경속에서도 성령님의 도우심으로 그것을 이겨낼 수 있습니다. 고난이 있어도 약해지거나 망하지 아니하고, 오히려 고난을 통해 성숙해집니다. 인생의 중요한 문제를 결정할 때 하나님의 지혜를 받습니다. 윌리엄 틴데일은 자신의 신약성경 번역 서문에서, "복음은 선하고 유쾌하고 즐겁고 기쁜 소식을 뜻한다. 사람의 마음을 즐겁게 하고, 노래 부르고 춤추고 기쁨으로 뛰게 한다."라고 했습니다.[12]

---

12 William Tyndale, *The Works of William Tyndale*, ed. Henry Walter, vol. 1 (Cambridge:

여러분은 어떤 삶을 살아가고 있습니까? 만족을 줄 수 없는 터진 웅덩이를 바닥을 긁듯 살고 있지 않습니까? 생수의 근원이신 예수님과 연합하여 계십니까? 매순간 성령님의 생명과 능력을 공급받고 있습니까? 우리의 참된 만족은 오직 하나님께 있습니다. 생수의 강이 흘러넘치는 인생이 되시기 바랍니다. 그리하여 나도 살고, 이웃도 살리는 인생이 되시기 바랍니다. 아멘.

Cambridge University Press, 1848), 8.

Redemptive-Historical
Sermon
4

모든 성도에게 주신
아름다운 직분

(베드로전서 1:23-2:10)

모든 성도에게 주신 아름다운 직분

23. 너희가 거듭난 것은 썩어질 씨로 된 것이 아니요 썩지 아니할 씨로 된 것이니 살아 있고 항상 있는 하나님의 말씀으로 되었느니라
24. 그러므로 모든 육체는 풀과 같고 그 모든 영광은 풀의 꽃과 같으니 풀은 마르고 꽃은 떨어지되
25. 오직 주의 말씀은 세세토록 있도다 하였으니 너희에게 전한 복음이 곧 이 말씀이니라
1. 그러므로 모든 악독과 모든 기만과 외식과 시기와 모든 비방하는 말을 버리고
2. 갓난 아기들 같이 순전하고 신령한 젖을 사모하라 이는 그로 말미암아 너희로 구원에 이르도록 자라게 하려 함이라
3. 너희가 주의 인자하심을 맛보았으면 그리하라.
4. 사람에게는 버린 바가 되었으나 하나님께는 택하심을 입은 보배로운 산 돌이신 예수께 나아가
5. 너희도 산 돌 같이 신령한 집으로 세워지고 예수 그리스도로 말미암아 하나님이 기쁘게 받으실 신령한 제사를 드릴 거룩한 제사장이 될지니라

6. 성경에 기록되었으되 보라 내가 택한 보배로운 모퉁잇돌을 시온에 두노니 그를 믿는 자는 부끄러움을 당하지 아니하리라 하였으니

7. 그러므로 믿는 너희에게는 보배이나 믿지 아니하는 자에게는 건축자들이 버린 그 돌이 모퉁이의 머릿돌이 되고

8. 또한 부딪치는 돌과 걸려 넘어지게 하는 바위가 되었다 하였느니라 그들이 말씀을 순종하지 아니하므로 넘어지나니 이는 그들을 이렇게 정하신 것이라

9. 그러나 너희는 택하신 족속이요 왕 같은 제사장들이요 거룩한 나라요 그의 소유가 된 백성이니 이는 너희를 어두운 데서 불러 내어 그의 기이한 빛에 들어가게 하신 이의 아름다운 덕을 선포하게 하려 하심이라

10. 너희가 전에는 백성이 아니더니 이제는 하나님의 백성이요 전에는 긍휼을 얻지 못하였더니 이제는 긍휼을 얻은 자니라

(베드로전서 1:23-2:10)

예수 그리스도의 세 직분

창세기 1장과 2장에서 하나님께서 세상을 창조하시고 아담과 하와를 지으셨습니다. 하나님은 그들에게 이 땅을 다스리라는 명령을 주셨는데, 이는 그들을 왕과 선지자와 제사장으로 세우신 것을 뜻합니다. 아담과 하와는 하나님의 말씀을 따라 왕으로서 세상을 다스려야 했습니다. 그렇기에 동시에 그들은 선지자였습니다. 그들은 또한 안식을 지키며, 하나님께 예배해야 했습니다. 이는 그들이 지녔던 제사장 직분을 보여줍니다.

그러나 안타깝게도 아담과 하와는 타락했습니다. 창세기 3장의 타락 사건은 아담과 하와가 왕직, 선지자직, 제사장직을 상실한 모습을 보여줍니다. 인간이 자신의 지위와 직분을 망각한 것, 그것이 바로 타락의 실체입니다. 타락한 인간은 왕이 아니라 죄와 사망과 사탄의 지배를 받는 종이 되었습니다. 타락한 인간은 하나님의 말씀보다는 사탄의 음성을 듣는 거짓 선지자가 되었습니다. 타락한 인간은 사탄과 자신을 숭배하는 거짓된 예배자, 가짜 제사장이 되었습니다.

그렇게 타락한 인간을 구원하시기 위해 둘째 아담이신 예수 그리스도께서 오셨습니다. 예수님은 아담과 하와가 망각하였던 세 직분, 왕직, 선지자직, 제사장직을 완성하셨습니다. 우리를 구원하시기 위해서 왕이신 예수님은 친히 종의 모습으로 우리를 섬겨 주셨습니다. 우리를 하나님의 말씀으로 변화시키기 위해 예수님은 선지자가 되실

뿐 아니라, 친히 말씀의 순종자가 되셨습니다. 우리를 위한 대속의 제사를 드리시기 위해서 제사장이신 예수님이 친히 제물이 되셨습니다. 예수님은 왕과 선지자와 제사장이라는 세 직분을 이렇게 종과 순종자와 제물의 모습으로 이루셨습니다.

신자의 선지자 직분(벧전 1:23-2:3)

부활, 승천하셔서 새 언약의 주인이 되신 예수님은 우리를 세 직분으로 초대하십니다. 모든 그리스도인은 예수님을 믿을 때 즉시 이 세 직분을 받게 됩니다. 교회에는 목사, 장로, 집사 등의 공적 직분이 있습니다. 이것은 교회의 예배와 활동을 돕기 위해 세운 직분입니다. 그러나 왕, 선지자, 제사장이라는 세 직분은 모든 그리스도인이 가정, 교회, 사회 등 삶의 모든 영역에서 항시 수행해야 할 영적이고 항존적인 직분입니다. 여러분은 모두 직분자입니다. 베드로전서 1장과 2장에 우리가 완성해야 할 선지자, 제사장, 왕의 직분을 어떻게 감당해야 하는지 나옵니다.

첫째로 우리는 선지자 직분을 감당해야 합니다. 사도 베드로는 베드로전서 1장 23절에서 이렇게 말합니다.

너희가 거듭난 것은 썩어질 씨로 된 것이 아니요 썩지 아니할 씨로 된

것이니 살아 있고 항상 있는 하나님의 말씀으로 되었느니라(벧전 1:23)[1]

우리는 말씀을 들었습니다. 말씀을 듣는 것이 왜 중요합니까? 말씀이 우리 속에 뿌려지면 결코 썩지 않기 때문입니다. 그 말씀은 우리의 삶을 변화시킵니다. 24-25절에서 사도 베드로는 이렇게 말합니다.

그러므로 모든 육체는 풀과 같고 그 모든 영광은 풀의 꽃과 같으니 풀은 마르고 꽃은 떨어지되 오직 주의 말씀은 세세토록 있도다 하였으니 너희에게 전한 복음이 곧 이 말씀이니라(벧전 1:24-25)

여기에 인용된 말씀은 이사야 40장 6-8절입니다. 이사야 39장까지는 심판의 말씀, 40장부터는 위로와 회복의 말씀이 주어집니다. 하나님은 자기 백성을 회복시키십니까? 오직 말씀을 통해 회복시키십니

---

1 베드로전서 주석은 아래의 책들이 좋다. Karen H. Jobes, *1 Peter*, Baker Exegetical Commentary on the New Testament (Grand Rapids, MI: Baker Academic, 2005); I. Howard Marshall, *1 Peter*, The IVP New Testament Commentary Series (Downers Grove, IL: InterVarsity Press, 1991); Thomas R. Schreiner, *1, 2 Peter, Jude*, vol. 37, The New American Commentary (Nashville: Broadman & Holman Publishers, 2003); J. Ramsey Michaels, *1 Peter*, vol. 49, Word Biblical Commentary (Dallas: Word, Incorporated, 1988); Wayne A. Grudem, *1 Peter: An Introduction and Commentary*, vol. 17, Tyndale New Testament Commentaries (Downers Grove, IL: InterVarsity Press, 1988); 에드먼드 클라우니, 『베드로전서 강해(BST 시리즈)』, 정옥배 옮김(서울: IVP, 2008).

다. 이 구절에 대해 루터는 이렇게 주석했습니다.

"불경건한 자들은 자기 자신의 말을 하며, 자기 말을 하나님의 말씀처럼
여긴다. 그들은 자신의 말이 영원할 것처럼 믿는다. 그들은 진정한 하나
님의 말씀을 알지도 못하면서 그것이 한 시간도 지속되지 못할 것이라
고 생각한다. 하지만 그 모든 대적들은 사라지고 하나님의 말씀이 결국
승리하고야 만다. ...(중략)... 따라서 이 말씀의 힘이 모든 것을 이길 것임
을 기억하고 믿으라. 그것은 어디에서나 발견되며 우리가 매일 경험하는
것이다. 꽃, 풀, 육체, 사람들은 사라지고 없어질 것이다. 그대는 마르지
않고 영원히 남길 원하는가? 그렇다면 영원히 서 있는 말씀을 붙들라."[2]

오늘날 세상과 교회가 갈수록 이상해지는 것은, 점점 더 많은 사람들이
하나님의 말씀을 무시하기 때문입니다. 루터는 이렇게 말했습니다.

"저는 평생을 살아오는 동안 이 땅에 발생한 가장 두려운 전염병을 목
격했습니다. 그것은 하나님의 말씀을 경멸하는 것으로서, 다른 모든 전
염병을 능가하는 흉악한 질병입니다."[3]

2   Martin Luther, *Luther's Works, Vol. 17: Lectures on Isaiah: Chapters 40-66*, ed. Jaroslav
    Jan Pelikan, Hilton C. Oswald, and Helmut T. Lehmann, vol. 17 (Saint Louis, MO: Concordia
    Publishing House, 1999), 12-13.

3   『탁상담화』, #31.

반대로, 성경을 잘 아는 것이 모든 지혜를 얻는 첩경이라며, 루터는 이렇게 말했습니다.

> "성경을 방치하지 말고, 하나님을 경외하고 자비를 구하는 심정으로 부지런히 읽고 전합시다. ...(중략)... 성경은 모든 학문과 예술의 머리이고 여왕입니다."[4]

하나님의 말씀을 열심히 연구한 칼뱅도 역시 말씀에 대해서 열 가지 별명을 붙였습니다. "칼/물/밥/약/방/길/씨/경/돌/빛"입니다. 칼뱅에게 하나님의 말씀은 성도를 희생 제물로 드리는 데 쓰이는 "칼(gladius)"이요, 성도의 부정함을 씻어내는 "물(aqua)"이며, 그리스도의 장성한 분량까지 자라게 하는 "밥(cibus)"이며, 죄로 인한 질병을 치유하는 "약(medicina)"이고, 거기서 하나님이 자신의 약속을 가지고 우리를 만나시는 "방(locus)"이자, 그리로 그리스도와 성령이 오시는 "길(via)"이며, 신앙이 자라나는 "씨(semen)"이고, 그리스도를 비추는 "거울(specula)"이며, 육체의 정욕을 제어하는 "재갈(frenus)"이며, 우리 삶을 비춰주는 "빛(lumen)"입니다.

베드로전서 2장 2절에서는 갓난아기들 같이 순전하고 신령한 젖

---

4   『탁상담화』, #6.

을 사모하라고 말씀합니다. 갓난아기들은 배가 고프면 울음을 터뜨립니다. 갈급하게 젖을 찾습니다. 우리 신자들도 마찬가지입니다. 내 안에 말씀이 비면 거기서부터 수많은 문제가 발생합니다. 그래서 우리는 우리 영혼에 말씀이 빌 때마다 간절히 말씀을 사모해야 합니다.

하나님을 알기 원하십니까? 하나님을 경험하기 원하십니까? 하나님을 드러내기 원하십니까? 성경을 읽으시기 바랍니다. 하나님의 말씀을 붙드는 사람에게는 변화가 일어납니다. 그는 선지자 직분을 감당할 수 있게 됩니다. 복음을 전파하며, 그리스도의 증인이 되는 것입니다.

하나님의 말씀은 썩지 아니할 씨와 같습니다. 말씀이 영혼에 뿌리 내리면 기적이 일어납니다. 변화가 생깁니다. 이제 여러분이 그것을 경험할 차례입니다. 베드로전서 1장 16절에서 하나님은 "내가 거룩하니 너희도 거룩할지어다"라고 말씀하십니다. 말씀을 많이 들어도 변화가 없다면 무슨 소용이 있겠습니까? 여러분은 선지자 직분을 감당해야 합니다. 하나님의 말씀을 듣고 거룩한 삶을 살아야 합니다.

신자의 제사장 직분(벧전 2:4-8)

둘째로, 우리는 제사장 직분을 감당해야 합니다. 베드로전서 2장 4-5절에는 이렇게 기록되어 있습니다.

사람에게는 버린 바가 되었으나 하나님께는 택하심을 입은 보배로운 산 돌이신 예수께 나아가 너희도 산 돌 같이 신령한 집으로 세워지고 예수 그리스도로 말미암아 하나님이 기쁘게 받으실 신령한 제사를 드릴 거룩한 제사장이 될지니라(벧전 2:4-5)

베드로는 예수님을 산 돌, 즉 살아있는 돌이라고 부릅니다. 사실 마태복음 16장 16절에서 베드로가 예수님을 그리스도와 하나님의 아들로 고백했을 때, 예수님은 베드로를 반석이라 부르셨습니다(마 16:18). 그런데 베드로가 정작 교회를 세우는 일을 해 보니, 자신이나 자신의 고백이 반석이 아니라, 예수님이 반석이심을 깨닫게 되었습니다. 그래서 베드로는 예수님을 살아있는 돌이라고 부르고 있습니다. 그런데 왜 그냥 돌이 아니라 산 돌입니까? 예수님을 만나면 예수님과 함께 멋진 집으로 지어지기 때문입니다. 제사장의 가장 중요한 일은 신령한 제사를 드리는 것입니다. 신약 시대에 제사는 더 이상 없습니다. 이제 제사는 예배로 대체되었습니다.

여러분은 예배를 소중하게 여기고 있습니까? 제가 유학 중일 때 학교 수업의 일환으로 이슬람 사원을 방문한 적이 있습니다. 어떤 무슬림 약사가 우리를 안내해 주었습니다. 그는 우리들의 질문에 하나도 빠짐없이 잘 대답해 주었습니다. 저는 그분의 해박한 지식에 매우 놀랐습니다. 우리를 안내하는 과정이 다 끝나고 나서, 그분은 우리에게 이렇게 말했습니다. "이때까지 여러분들이 저에게 많은 질문을 했으니, 이제 제가 여러분에게 질문을 하나 하겠습니다. 여러분 인생의 제일 되는 목적은 무엇입니까?"

너무나 큰 질문을 받아서 우리는 상당히 놀랐습니다. 그래서 내가 물었습니다. "당신은요?" 그랬더니 그 사람은 눈도 하나 깜짝하지 않고 이렇게 대답했습니다. "제 인생의 제일 되는 목적은 알라께 예배드리는 것입니다." 그 대답을 듣는 순간 나는 정말 망치로 뒤통수를 얻어맞는 느낌이 들었습니다.

알라는 기독교의 하나님과 다릅니다.[5] 그런데 알라를 믿는 이슬람 사람들은 하루에 5번이나 알라에게 기도합니다. 해 뜨기 전, 아침, 점심, 저녁, 자기 전에 정성껏 예배드립니다. 그런데 참되신 하나님을 믿는 우리들은 그들의 열정에 따라가지 못합니다. 문제가 있는 것 아닙니까? 예배에 최고의 우선순위를 두시기를 바랍니다. 개인적으로 드리는 예배와 주일예배에 힘쓰길 바랍니다. 예배에 열정을 쏟을 때 삶의 목적을 알게 되기 때문에 더 열심히 살아갈 수 있습니다.

---

5 이에 대한 자세한 내용은 아래 논문을 보라. 우병훈, "미로슬라브 볼프의 하나님: 그의 책 『알라』를 중심으로," 「한국개혁신학」 53 (2017): 8-48.

신자의 왕의 직분(벧전 2:9-10)

셋째로, 우리는 왕의 직분을 감당해야 합니다. 베드로전서 2장 9절은 다음과 같이 말합니다.

> 그러나 너희는 택하신 족속이요 왕 같은 제사장들이요 거룩한 나라요 그의 소유가 된 백성이니 이는 너희를 어두운 데서 불러 내어 그의 기이한 빛에 들어가게 하신 이의 아름다운 덕을 선포하게 하려 하심이라(벧전 2:9)

여기서 말하는 왕 같은 제사장은 왕적 직분과 제사장 직분을 함께 감당하는 사람을 뜻합니다. 우리는 왕의 직무를 함께 수행하는 제사장입니다.

하나님은 태초에 자신의 대리 통치자로서, 우리를 왕으로 세워주셨습니다. 그런데 인간이 타락함으로 말미암아 그 직분을 잃어버렸습니다. 교만한 인간은 하나님보다 더 높아지려 했지만 오히려 죄와 사탄과 사망의 노예가 되어 버렸습니다. 하지만 이제 예수 그리스도 안에서 우리는 다시 왕노릇합니다.[6] 예수님은 우리를 섬기기 위해 스스

---

6 (눅 22:30) 너희로 내 나라에 있어 내 상에서 먹고 마시며 또는 보좌에 앉아 이스라엘 열두 지파를 다스리게 하려 하노라; (딤후 2:12) 참으면 또한 함께 왕 노릇 할 것이요 우리가 주를 부인하면 주도 우리를 부인하실 것이라; (계 5:10) 그들로 우리 하나님 앞에서 나라와 제사장들을 삼으셨으니 그들이 땅에서 왕 노릇 하리로다 하더라

로 낮아지셨지만, 하나님께서 그분을 높여주셨습니다. 예수님은 종이 되심으로써 왕이 되신 것입니다.

오늘 말씀은 우리가 주님의 아름다운 덕을 선포해야 한다고 합니다. 어떻게 하면 주님의 덕을 선포할 수 있을까요? 그것은 우리 역시 예수님께서 가신 섬김의 길을 가는 것입니다.

베드로전서 2장 16절에서 베드로는 "너희는 자유가 있으나 그 자유로 악을 가리는 데 쓰지 말고 오직 하나님의 종과 같이 하라."고 합니다. 우리는 섬김의 삶을 살아야 합니다. 보통 공부 잘 하는 사람들은 질투의 대상이 됩니다. 왜 그럴까요? 공부해서 다른 사람을 섬기지 않기 때문입니다. 보통 잘 사는 사람들은 사람들이 별로 좋아하지 않습니다. 자기 재물로 다른 사람을 돕지 않기 때문입니다. 그러나 하나님 나라의 원리는 그렇지 않습니다. 하나님 나라에서는 더 큰 자가 더 약한 자를 섬겨야 합니다. 우리는 공부해서 남 줘야 합니다. 돈 벌어서 다른 가난한 사람을 섬겨야 합니다. 그것이 진정한 왕의 직분입니다.

나그네적인 삶

베드로는 성도들을 가리켜, 나그네와 거류민이라고 부릅니다. 임시적으로 거주하는 외국인이나 여행자라는 뜻입니다. 이 세상이 끝이 아니라는 것입니다. 우리는 인생에 끝이 있다는 것을 기억해야 합니다.

여러 해 전에 저는 어느 교회에서 주일 오전 설교를 하고, 주일 오후 특강을 하기로 되어 있었습니다. 그런데 아침에 그 교회에 도착했을 때 몸이 별로 좋지 않았습니다. 양해를 구하고 목양실에서 좀 쉬다가 예배드리러 올라갔습니다. 앞자리에 앉아 있는데 손이 하얗게 변했습니다. 나중에는 손끝과 발끝이 저려왔습니다. 급체를 한 것입니다.

상태가 심각하여 장로님이 대표기도를 하는 동안에, 목사님께 손을 좀 주물러 달라고 했습니다. 젊은 목사님이 얼마나 세게 주물렀던지 나중에 집에 가서 보니 손이 멍들어 있었습니다.

저는 목사님께 근처에 병원이 있는지, 예배 마치면 바로 갈 수 있는지 여쭤보았습니다. 목사님은 준비해 놓겠다고 했습니다. 목사님은 계속 제 손을 주물러 주셨고, 찬양대에서 이런 상황을 눈치 챈 집사님이 제 어깨를 안마해주셨습니다.

그런데 목사님과 집사님이 아무리 주물러도 좋아지지 않았습니다. 그래서 저는 혹시 목사님께 제 설교 원고를 드릴 테니, 대신 설교해 주실 수 있는지 여쭤보았습니다. 목사님은 손 주무르는 것을 멈추시며 그건 어렵겠다고 하셨습니다. 저는 '설교는 내가 해야겠다.'고 생각했습니다. 그래서 의자를 갖다 주실 수 있는지 문의했고, 목사님은 그렇게 해 주셨습니다.

저는 정말 죄송하게도 제 평생 처음으로 공예배 시간에 의자에 앉아서 설교를 했습니다. 성도들도 제 상황이 좋지 않다는 것을 금방 눈치 채셨습니다. 저는 숨을 몰아쉬면서 한 마디 한 마디 설교했습니다.

"예배는… 교회의… 본질입니다. …" 그런데 이 날 성도들의 집중도는 제가 이때까지 만난 성도들 가운데 제일 좋았습니다. 저러다가 저 목사 무슨 큰 일 나겠다 싶으셨나 봅니다.

예배를 겨우 마친 후에 저는 곧장 화장실에 가서 다 토했습니다. 그리고 성도들의 돌봄 속에서 오후 내내 쉬었고, 오후 특강 시간에는 완전히 회복되어서 평소에 제가 하듯이 열심히 강의를 했습니다. 그랬더니 앉아있던 권사님 중에 한 분이, "목사님, 부활하셨다!"라고 소리쳤습니다. 우리 모두는 유쾌하게 웃었습니다.

그날 오전에 설교할 때 제 마음속에는 큰 두려움이 찾아왔었습니다. 죽을까봐 두려워 했을까요? 아닙니다. 저는 평소에도 자주 죽음에 대해 생각합니다. 죽을 준비를 하고 삽니다. 그렇다면 천국에 대한 확신이 없어 두려웠을까요? 그것도 아닙니다. 저는 죽으면 주님 곁으로 갈 것이라 확신합니다. 목사가 그런 확신 없이 어떻게 복음을 전하겠습니까? 제가 그날 설교 시간에 느꼈던 두려움은 "내가 무슨 낯짝으로 주님을 뵐까?"하는 생각 때문이었습니다. 정말 주님을 위해서 한 일이 너무 없었습니다. 부끄럽고 죄송스러운 정도를 넘어서 두려운 마음까지 들었습니다. 그날 밤에 저는 집에 가서 엎드려 울며 저에게 주어진 시간을 주님을 위해 제대로 쓰지 못했음을 고백하며 용서해 달라고 기도했습니다.

C. S. 루이스는 "만약 이 세상의 그 어떤 경험으로도 채워지지 않는 욕구가 내 안에 있다면, 그건 내가 다른 세상에 맞게 만들어졌기

때문이라는 것이 가장 그럴듯한 설명이다."라고 말했습니다.[7] 언젠가 우리는 다 같이 하나님 앞에 서게 될 것입니다. 그때 우리는 이 땅에 살면서 하나님의 말씀을 사랑하고 순종하는 선지자 직분을 잘 감당했는지, 하나님께 예배드리고 하나로 교회를 세워가는 제사장 직분을 잘 감당했는지, 다른 사람을 섬기며 예수님의 모습을 드러내는 왕의 직분을 잘 감당했는지 물으실 것입니다. 그때를 늘 생각하면서 오늘 하루를 주님 앞에서 살아가시기 바랍니다. 아멘.

---

7   C. S. Lewis, *Mere Christianity* (San Francisco, CA: HarperCollins, 2001), 136–37.

Redemptive-Historical
Sermon
5

포도나무와
감람나무의 축복

(시편 128편)

포도나무와 감람나무의 축복

1. 여호와를 경외하며 그의 길을 걷는 자마다 복이 있도다
2. 네가 네 손이 수고한 대로 먹을 것이라 네가 복되고 형통하리로다
3. 네 집 안방에 있는 네 아내는 결실한 포도나무 같으며 네 식탁에 둘러 앉은 자식들은 어린 감람나무 같으리로다
4. 여호와를 경외하는 자는 이같이 복을 얻으리로다
5. 여호와께서 시온에서 네게 복을 주실지어다 너는 평생에 예루살렘의 번영을 보며
6. 네 자식의 자식을 볼지어다 이스라엘에게 평강이 있을지로다

(시편 128:1-6)

성전에 올라가는 노래

시편 128편에는 "성전에 올라가는 노래"라는 표제어가 붙어 있습니다. 시편 120편부터 134편까지 15개의 시편이 모두 성전에 올라가는 노래입니다. 이스라엘 백성들은 1년에 3번 중요한 절기 때 예루살렘 성전을 향해 순례를 떠났습니다. 그 절기는 바로 유월절, 오순절, 장막절입니다(레 23장). 육신의 고향을 떠나서, 영혼의 고향인 예루살렘으로, 형제들이 함께 어울려 여행을 떠났습니다. 여행길에 주님을 높이며 육체의 피로를 잊기 위해 그들은 노래를 불렀습니다. 그 때 부른 노래들이 성전에 올라가는 노래입니다. 특별히 시편 127편과 128편은 가정의 행복을 노래합니다. 칼뱅은 시편 127편과 128편이 밀접한 관련이 있다고 했습니다.[1] 128편은 127편의 후속편과 같다는 것입니다.

---

1 John Calvin, *Commentary on the Book of Psalms*, vol. 5, trans. James Anderson (Bellingham, WA: Logos Bible Software, 2010), 113: "이 시편은 앞의 시편과 밀접하다. 다시 말하자면, 앞의 시편에 붙어있는 부속시편이라고 할 수 있다." 칼뱅의 주석 외에도 시편 설교를 위해서는 아래의 주석들이 도움이 된다. Derek Kidner, *Psalms 73-150: An Introduction and Commentary*, vol. 16, Tyndale Old Testament Commentaries (Downers Grove, IL: InterVarsity Press, 1975); Peter C. Craigie, *Psalms 1-50*, 2nd ed., vol. 19, Word Biblical Commentary (Nashville, TN: Nelson Reference & Electronic, 2004); Marvin E. Tate, *Psalms 51-100*, vol. 20, Word Biblical Commentary (Dallas: Word, Incorporated, 1998); Leslie C. Allen, *Psalms 101-150* (Revised), vol. 21, Word Biblical Commentary (Dallas: Word, Incorporated, 2002); Hans-Joachim Kraus, *A Continental Commentary: Psalms 60-150* (Minneapolis, MN: Fortress Press, 1993); Willem A. VanGemeren, "Psalms," in *The Expositor's Bible Commentary: Psalms* (Revised Edition), ed. Tremper

시편 128편의 특징

성전에 올라가는 노래인 시편 128편에는 삼대(三代)가 들어 있습니다. 한 가정을 구성하는 남편(1절)과 아내(3절a)가 나옵니다. 그리고 자식(3절b)과 후손들(6절)도 나옵니다.[2] 예루살렘으로 올라가는 길에 이 노래를 부르면서, 이스라엘 백성들은 혈육의 정(情)을 다시금 깊이 느꼈을 것입니다.

또한 이 시편에는 한 사람이 누리는 직장에서의 형통, 가정에서의 행복, 그리고 국가와 사회의 번영까지 나옵니다. 그 시작점은 가정입니다. 가정에서 흘러넘치는 복은 가정의 울타리를 넘어 더 큰 사회적-영적 공동체를 이루는 시온과 예루살렘과 이스라엘의 복까지 바라보고 있습니다.[3]

Longman III and David E. Garland, vol. 5 (Grand Rapids, MI: Zondervan, 2008); Mitchell Dahood S.J., *Psalms I: 1-50: Introduction, Translation, and Notes*, vol. 16, Anchor Yale Bible (New Haven; London: Yale University Press, 2008); Mitchell Dahood S.J., *Psalms II: 51-100: Introduction, Translation, and Notes*, vol. 17, Anchor Yale Bible (New Haven; London: Yale University Press, 2008); Mitchell Dahood S.J., *Psalms III: 101-150: Introduction, Translation, and Notes with an Appendix: The Grammar of the Psalter*, vol. 17A, Anchor Yale Bible (New Haven; London: Yale University Press, 2008); 김정우, 『시편 주석 I』(서울: 총신대학교출판부, 2005); 김정우, 『시편 주석 II』(서울: 총신대학교출판부, 2005); 김정우, 『시편 주석 III』(서울: 총신대학교출판부, 2010).

2 김정우, 『시편 주석 III』, 577.

3 김정우, 『시편 주석 III』, 577.

설교를 준비하면서 『S. D. 고든의 가정』이라는 책을 읽었습니다. 새뮤얼 고든은 미국 오하이오주 YMCA의 사무총장을 지낸 분입니다. 그는 이렇게 말합니다.

"모든 사람은 가정에 빚을 지고 있다. 인간의 모든 문명이 시작되는 곳이 바로 가정이며 인간의 가치 있는 모든 활동의 기원이 이 신성한 장소, 곧 가정이다. 인류가 만든 모든 조직이나 기구의 씨앗이 바로 가정에 있다."[4]

그렇습니다. 생각해 보면, 가정은 예배의 중심지입니다. 인류 최초의 예배는 가정에서 드려졌습니다. 가정은 학교 역할도 했습니다. 아이들은 부모로부터 기본적인 교육을 배웁니다. 가정은 정부의 근원이 되기도 했습니다. 통치와 규율 등이 가정에서부터 시작되었기 때문입니다. 가정은 처음에는 병원 역할도 했을 것입니다. 집안에서 사랑과 정성으로 환자를 돌보고 회복시켰기 때문입니다. 수공업도 처음에는 가내수공업에서 시작되었습니다. 이처럼 가정은 인류가 만든 모든 조직이나 기관의 시작점이자 발원지였습니다.[5]

---

4 S. D. Gordon(고든), 『S. D. 고든의 가정』, 박일귀 옮김(서울: 미션월드, 2015), 77. 새뮤얼 디키 고든에 대해서는 아래를 보라. https://en.wikipedia.org/wiki/Samuel_Dickey_Gordon (2021.5.11. 접속)

5 Gordon(고든), 『S. D. 고든의 가정』, 77-83을 보라.

시편 128편은 그런 가정이 잘 되기 위해서 필요한 것을 가르칩니다. 커크패트릭이라는 주석가는 "이 시편은 나라의 복지가 덕스러운 가정생활에 의존하며 덕스러운 가정생활은 적극적인 종교적 원리 위에 서 있어야 함을 가르친다."라고 했습니다.[6] 그렇다면 시편 128편이 가르치는 적극적인 경건의 원리가 무엇인지 함께 묵상해 보겠습니다.

산업의 형통(1-2절)

1절에 "여호와를 경외하며 그의 길을 걷는 자마다 복이 있도다."라고 합니다. 시편 전체의 서론이라고 할 수 있는 시편 1편은 복 있는 사람에 대해서 노래합니다. 이는 시편 전체가 복 있는 사람에 대한 노래라는 점을 말해주는 것입니다. 특히 시편 32편이나 128편처럼 1절에서

---

6 김정우, 『시편 주석 III』, 577에서 재인용. 김정우 교수는 인용 출처를 안 밝히고 있고, 번역도 "이 시편은 나라의 복지가 건강한 가정생활에 의존하며 건강한 가정생활은 건강한 신앙적 원리 위에 서 있어야 함을 가르친다."라고 하여 정확하지 못하다. 필자가 로고스를 이용하여 찾은 원문은 아래와 같다. A. F. Kirkpatrick, *The Book of Psalms*, The Cambridge Bible for Schools and Colleges (Cambridge: Cambridge University Press, 1906), 754: "the Psalm teaches that the welfare of the state depends upon virtuous family life, and virtuous family life must be founded upon active religious principle." 김정우 교수의 시편 주석은 매우 탁월한데, 두 가지 문제가 있다. 첫째 인용이 부정확하다. 둘째, 인용 출처가 너무 간단하게 제시되어 있고, 가끔은 아예 생략되어 있다.

"복이 있도다"라고 선언하고 있는 시편들은 복된 신앙생활의 원리를 잘 가르쳐 주는 시편입니다.

누가 복이 있습니까? 첫째 여호와를 경외하고, 둘째 여호와의 길을 걷는 사람입니다. 여호와를 경외하는 것을 다른 말로 하면 경건한 마음입니다. 여호와의 길을 걷는 것을 다른 말로 하면 경건한 생활입니다. 이 시편은 경건한 마음가짐으로 경건하게 사는 자가 복이 있다고 선언합니다. 그런 사람에게 하나님께서 복을 주십니다.

> 네가 네 손이 수고한 대로 먹을 것이라 네가 복되고 형통하리로다
> (시 128:2)

이것은 산업의 형통을 뜻합니다. 직업 세계에서 많은 복을 누리는 것입니다. 여러분, 내 손이 수고한 대로 먹는 것이 얼마나 복된 인생입니까? 사노라면 정말 수고하였는데도 얻은 것이 별로 없을 때가 있습니다. 수고의 결과를 오히려 다른 사람이 가져가 버리기도 합니다. 그런데 반대로 수고한 것만큼 혹은 그 이상으로 열매가 있는 경우도 있습니다. 왜 그럴까요? 일의 결국이 우리에게 있지 아니하고 하나님께 있기 때문입니다. 그래서 시편 127편 1-2절은 이렇게 말씀합니다.

> 여호와께서 집을 세우지 아니하시면 세우는 자의 수고가 헛되며 여호와
> 께서 성을 지키지 아니하시면 파수꾼의 깨어 있음이 헛되도다 너희가 일

그런데 오늘 시편에서는 하나님은 경건한 사람에게 수고한 만큼 확실하게[7] 먹게 해 주시겠다고 합니다. 아니 그 이상으로 형통하게 해 주시겠다고 약속하십니다.

여러분, 복된 가정은 어떤 가정입니까? 가족들이 손으로 일하면서 먹고 사는 가정입니다. 이스라엘 사람들은 손으로 일하는 것을 소중히 여겼습니다. 예수님도 공생애를 시작하시기 전에 수년간 목수로 손수 일하셨습니다. 바울은 손수 일하여 생계를 유지했던 자비량 선교사였습니다(고전 4:12; 엡 4:28; 살전 4:11). 사람의 몸 가운데 손보다 귀한 것이 없습니다. 세상의 모든 좋은 것들이 손으로 만들어지고 이루어집니다.[8]

우리들이 손으로 한 수고에 하나님께서 복을 주시는 것은 언약적입니다. 우리의 예배가 제대로 회복될 때 손으로 수고한 일에 복을 주

---

7   원어로 볼 때 2절의 '키'가 해석이 애매했다. 필자가 살펴본 번역 성경들과 주석들은 전혀 언급하지 않는데, 유일하게 다후드(Dahood)만이 '키'를 강세형으로 해석해야 한다고 분명히 진술하면서 'indeed'라는 부사를 넣어서 해석하고 있었다. Dahood S.J., *Psalms III: 101-150*, 228: "이 문구의 끝에 배치되어 있으며, 단어 순서가 좀 이상한 '키 토켈'(*kī tō kēl*)은 '확실히 너는 먹을 것이다'라는 의미이다. 이것은 '키'(*kī*)를 강조의 불변화사로 보아서, 끝에 배치된 동사에 힘을 실어주는 것으로 본다면 잘 설명된다."

8   김정우, 『시편 주석 III』, 579.

신다고 말씀합니다.[9]

너희의 번제와 너희의 제물과 너희의 십일조와 너희 손의 거제와 너희
의 서원제와 낙헌 예물과 너희 소와 양의 처음 난 것들을 너희는 그리
로 가져다가 드리고 거기 곧 너희의 하나님 여호와 앞에서 먹고 너희의
하나님 여호와께서 너희의 손으로 수고한 일에 복 주심으로 말미암아
너희와 너희의 가족이 즐거워할지니라(신 12:6-7)[10]

하나님을 알지 못하는 사람은 아무리 손으로 수고하여 많은 것을
얻었어도 전도서 2장 11절의 말씀처럼 모든 것이 다 헛되어 바람을 잡
는 것이며 해 아래에서 무익한 것이라고 느낄 수밖에 없습니다.[11] 반대
로 하나님 앞에서 경건하게 사는 사람, 힘써 수고하며 살지만 예배를

---

9 아쉽게도 김정우 교수는 이 부분을 놓치고 있고, 신명기 12장을 언급조차 하지 않는다. 필자
   가 로고스에서 찾은 바에 따르면, 시편 128편 2절을 해설하면서 신명기 12장을 인용하는 주
   석가는 아무도 없다.

10 신명기 12:17-18에도 같은 내용이 나온다. (신 12:17-18) 너는 곡식과 포도주와 기름의 십일조
    와 네 소와 양의 처음 난 것과 네 서원을 갚는 예물과 네 낙헌 예물과 네 손의 거제물은 네 각
    성에서 먹지 말고 오직 네 하나님 여호와께서 택하실 곳에서 네 하나님 여호와 앞에서 너는
    네 자녀와 노비와 성중에 거주하는 레위인과 함께 그것을 먹고 또 네 손으로 수고한 모든 일로
    말미암아 네 하나님 여호와 앞에서 즐거워하되

11 (전 2:11) 그 후에 내가 생각해 본즉 내 손으로 한 모든 일과 내가 수고한 모든 것이 다 헛되어 바
    람을 잡는 것이며 해 아래에서 무익한 것이로다

그 중심에 두는 가정은 복 되고 형통할 수밖에 없습니다.

　요즘은 온 가족이 둘러앉아서 가정 예배를'드리는 것도 쉽지 않습니다. 저는 저희 자녀들이 어릴 때부터 매일 가정 예배를 드렸는데, 아이들이 커가면서 점점 예배하기 쉽지 않았습니다. 어떤 때는 예배드리기 싫다고 떼를 쓰기도 합니다. 그럴 때 당황하거나 화를 내면 부모로서 품위가 떨어집니다. 속으로는 성령님께 의지하면서 겉으로는 최대한 부드럽게 아이들을 달래야 합니다. 우리가 힘들어도 가정 예배를 드리면 하나님께서 우리의 가정과 산업을 지켜 주십니다. 우리 손으로 일한 열매를 먹게 하십니다.

가정의 행복(3-4절)

둘째로 생각할 것은 가정의 행복입니다.

> 네 집 안방에 있는 네 아내는 결실한 포도나무 같으며 네 식탁에 둘러앉은 자식들은 어린 감람나무 같으리로다 여호와를 경외하는 자는 이같이 복을 얻으리로다(시 128:3-4)

　3절에는 이 시에서 굉장히 중요한 두 가지 비유가 나옵니다. 그것은 결실한 포도나무와 어린 감람나무의 비유입니다. 고대 이스라엘 백성들의 주된 농경제는 포도나무, 감람나무 그리고 무화과나무의 삼위일체적인 생산에 의존했습니다.[12] 이 중에서 포도나무와 감람나무는 이스라엘 땅에서 가장 귀한 유실수로서 사람들이 가장 좋아하는 나무들이었습니다(시 104:15; 겔 19:10).[13]

첫 번째로 등장하는 비유는 결실한 포도나무의 비유입니다. 포도나무는 노아 시대부터 길렀다고 성경에 나와 있습니다(창 9:20). 이스라엘 사람들은 포도나무를 기를 때 2월과 3월에 깊은 가지치기를 하고, 8월에 얕은 가지치기를 합니다. 늦여름 거의 9월에 열매를 수확합니다.[14]

이스라엘 백성들에게 포도나무는 매우 중요했습니다. 쓰임새가 다양했기 때문입니다. 건포도는 건조한 기후지역에 사는 사람들에게 중요한 식량자원이었습니다. 포도나무의 잎도 사료로 사용되거나 또한 가죽을 다듬는 무두질에 쓰이기도 했습니다. 심지어 포도주는 일종의 마취제 역할도 했습니다.[15] 그렇기에 이스라엘 백성들은 약속의 땅에 포도나무를 심었고, 포도 수확이 잘 되면 하나님의 신실한 사랑

12 Allen C. Myers, *The Eerdmans Bible Dictionary* (Grand Rapids, MI: Eerdmans, 1987), 1038.

13 김정우, 『시편 주석 III』, 581.

14 Myers, *The Eerdmans Bible Dictionary*, 1038.

15 Irene Jacob and Walter Jacob, "Flora," ed. David Noel Freedman, *The Anchor Yale Bible Dictionary* (New York: Doubleday, 1992), 2:810.

을 확인하곤 했습니다.[16]

성경에는 포도나무에 대한 언급이 많이 나옵니다. 특히 구약성경에서 포도나무는 하나님의 백성인 이스라엘을 상징합니다. 평화와 번영, 그리고 연합을 상징하기도 합니다.[17] 시인은 아내를 결실한 포도나무로 비유함으로써, 가정의 평화와 행복, 그리고 깊은 연합을 노래하고 있습니다.

특별히 시인은 아내에 대해서 "네 집 안방에 있는 네 아내"라고 표현합니다. 집의 안방은 가장 깊은 곳입니다. 이것은 부인은 저 방 안쪽 구석에 쪼그리고 앉아 있어야만 한다는 것이 아닙니다. 이것은 남편과 아내 사이의 깊은 연합을 상징합니다. 외부의 그 어떤 사람도 넘볼수 없는 깊은 관계를 뜻합니다.[18]

한국의 전통적인 가정은 부계의 승계가 목표였습니다. 남아선호사상이 팽배했던 것도 이 때문입니다. 그러나 현대 사회에서는 부부가 가족의 중심이 되었습니다. 부부의 관계도 수평적인 관계로 변화되고

---

16 R. Dennis Cole, "Vine, Vineyard," ed. David Noel Freedman, Allen C. Myers, and Astrid B. Beck, *Eerdmans Dictionary of the Bible* (Grand Rapids, MI: Eerdmans, 2000), 1356; 데렉 윌리암스, 『IVP 성경사전』(서울: IVP, 1992), 528.

17 Irene Jacob and Walter Jacob, "Flora," 2:810; 데렉 윌리암스, 『IVP 성경사전』, 528; J. D. 더글라스, 『새 성경 사전』, 1697-98("포도나무, 포도원").

18 김정우, 『시편 주석 III』, 581 참조.

있습니다. 여기에서 가장 중요한 것은 부부가 서로를 배려하고 사랑하며 조화를 이루는 것입니다.

결실한 포도나무로 묘사되는 아내의 모습에 대하여 어떤 주석가는 '꽃피고 결실하지 않는 벚나무가 아니라, 열매가 많고 달고 아름답고 귀한 포도나무'의 모습을 포착하였습니다. 포도나무 자체는 연약하지만 달콤한 포도와 향긋한 포도주를 만듭니다. 마찬가지로 선한 아내와 건강한 가정은 세상에서 가장 좋은 열매를 맺습니다.[19]

두 번째로 등장하는 비유는 어린 감람나무의 비유입니다.[20] 감람나무는 올리브나무로 불리기도 합니다. 이스라엘에서 감람나무는 5월 초에 꽃이 피고, 초가을에 추수를 합니다. 감람나무는 수백 년을 살고 때로 천년을 살기도 하며, 세월이 갈수록 좋은 열매를 맺습니다.[21] 감람나무는 열매 맺기까지 7년, 다 자라기까지 15-20년이 걸리므로, 신경 써서 보호해야 하는 나무입니다.[22]

감람나무는 매우 용도가 많아서 이스라엘 백성들이 많이 길렀습니다. 기름은 음식에도, 밤에 불을 밝히는 데도, 가죽을 부드럽게 하

---

19 김정우, 『시편 주석 III』, 580.

20 이 시편에서 단어 수를 세었을 때 중심에 있는 단어가 바로 "감람나무"이다.

21 김정우, 『시편 주석 III』, 580.

22 참고. 신 20:19-20, 왕하 3:25. Irene Jacob and Walter Jacob, "Flora," 2:808.

는 데도 사용되었습니다. 올리브나무 잎으로 화환을 만들기도 했으며, 때로는 필기도구로 쓰이거나 청량음료를 만드는 데 사용되기도 했습니다. 올리브유도 약이나 화장품처럼 사용되었고 해독제나 구충제로 사용되기도 했습니다. 이스라엘 백성들은 올리브유로 제사장, 선지자, 왕에게 기름을 부어 세웠고, 성전에서 제사에 사용했습니다. 이로써 올리브나무는 미와 힘과 주권과 축복과 번영의 상징이 되었고, 우정과 평화의 대명사가 되었습니다.[23]

올리브나무의 쓰임새를 보면서, 가정에서 자라나는 아이들의 무궁무진한 가능성을 생각하게 됩니다. 아이들은 다음 세대를 짊어지고 나아갈 미래의 희망입니다. 어린 아이는 그 자체만으로도 큰 기쁨입니다. 미국의 시인 제임스 위트컴 라일리(James Whitcome Riley, 1849-1916)의 다음과 같은 시가 있습니다.

> 황금이나 보석도, 땅덩어리나 가축도
> 제게 필요 없습니다.
> 주님 간절히 바라오니,
> 소박한 오두막 집 하나만 주소서.
> 따뜻한 난롯가에 앉아
> 귀뚜라미 울음소리를 들으며

---

23 Irene Jacob and Walter Jacob, "Flora," 2:808; 『새 성경 사전』, 58-59("감람나무").

아기와 눈을 마주치고 있으면
그곳이 바로 지상 낙원입니다.
귀뚤귀뚤 귀뚜라미가 울고
사랑스러운 아기가 방긋하고 웃습니다.

...
오 나의 주님이시여,
이 모든 것을 허락하소서!

권세나 명예도 바라지 않습니다.
다만 작은 은혜 하나만 허락하소서.

...
주님께 간절히 바라오니
다만 귀뚜라미 울음소리를 들으며 작은 침대에 누인
아기의 얼굴을 사랑스러운 눈으로 바라보길 원합니다.[24]

시편 128편의 시인은 "네 식탁에 둘러앉은 자식들은 어린 감람나
무 같으리로다."라고 합니다. 즐겁고 풍성한 식탁에서 아이들이 함께
먹고 마심으로써, 새로운 생명이 온 집안에 움트고 있는 모습을 잘 비
추어주고 있습니다.[25]

요즘 우리나라 아이들을 보면 불쌍하기 그지없습니다. 초등학생

---

24 Gordon(고든), 『S. D. 고든의 가정』, 75-77에서 재인용.

25 김정우, 『시편 주석 III』, 581.

때부터 조기교육, 과잉교육에 시달리고 있습니다. 아이들이 잘 놀기도 해야 하는데 제대로 놀지를 못합니다. 부모들은 그저 자식이 좋은 대학에 들어가면 만족합니다. 그러다 보니 자녀들과 느긋하게 식사하거나 대화할 시간도 없습니다. 자녀들의 가치관이나 인생관, 삶의 자세나 언어 습관, 예의에 대해 대화할 겨를이 없습니다.

여러 해 전에 왕따와 학교 폭력으로 자살한 한 중학생이 남긴 유서가 언론에 공개되었습니다. 그 유서에는 부모님께 미안하다는 말과 함께 "목말라요."라는 말이 적혀 있었습니다.[26] 저는 그 얘기를 듣고 정말 가슴이 아팠습니다. 그 아이가 얼마나 정신적으로 괴롭고 정서적으로 외로웠으면 죽기 전에 목이 마르다는 말을 유서로 썼을까요? 오늘날 우리 사회에서 아이들이 당하는 고통을 단적으로 보여주는 것입니다.

여러분의 가족들을 위하여 사랑의 언어를 써 보면 어떠실까요? 감사의 말, 칭찬의 말, 격려의 말, 존경의 말, 위로의 말, 바로 이런 말들이 가정을 포도나무와 감람나무처럼 풍성하게 할 것입니다.

---

26 채영삼, 『삶으로 드리는 주기도문』(고양: 이레서원, 2014 [2019, 향상교회 특별판]), 79.

사회의 번영(5-6절)

마지막으로 생각할 것은 사회의 번영입니다. 5절과 6절을 봅시다.

여호와께서 시온에서 네게 복을 주실지어다 너는 평생에 예루살렘의
번영을 보며 네 자식의 자식을 볼지어다 이스라엘에게 평강이 있을지
로다(시 128:5-6)

5절에서는 하나님이 시온에서 경건한 가정에 복을 주신다고 노래
합니다. 시온은 하나님의 성전이 있는 산입니다. 하나님의 임재의 축
복을 상징합니다. 참된 복은 하나님으로부터 나오는 복입니다.

시인은 또한 경건한 가족들이 평생에 예루살렘의 번영을 보게 되
기를 기원합니다. 예루살렘은 정치, 경제, 문화의 중심지입니다. 예루
살렘의 번영은 사회와 국가의 샬롬과 안녕을 뜻합니다. 이처럼 시온의
복을 받은 가정은 예루살렘의 번영을 기대할 수 있습니다. 자신이 받
은 복을 사회로 흘려보내기 때문입니다.

경건한 가족은 가족 이기주의에 함몰되지 않고 하나님께 받은 복
을 사회 속에서 나누며 살아갑니다. 우리가 받은 복은 모두 다 주님의
자비로운 손길에서 온 것입니다. 참된 신자는 그 사실을 알기 때문에,
복을 많이 받을수록 그것을 나누면서 살게 됩니다. 하나님으로부터
복을 많이 받은 하나님의 백성들이 더 넓은 공동체와 사회에 그 복을

전달하는 방식으로 하나님은 이 세상에 복을 주십니다.[27]

우리는 예배 시간에 은혜를 받는 것에 머물러서는 안 됩니다. 예배에서 받은 은혜는 반드시 세상 속에서 나눠져야 합니다. 복음은 반드시 사회를 변화시킵니다. 이 순서가 뒤바뀌어서는 안 됩니다.[28] 마치 사회를 변화시키는 것이 복음의 유일한 목적인 것처럼 생각해서도 안 됩니다. 복음의 가장 올바른 원리는 예수 그리스도의 십자가와 부활을 믿고 변화된 사람이 성령님 안에서 하나님 나라 언약 백성으로 살아갈 때 세상이 하나님의 뜻대로 변화된다는 것입니다. 이에 대해서 유명한 복음주의 목사인 팀 켈러는 이렇게 말합니다.

> "참된 경건은 단지 내적 평안과 성취를 주는 내면적 신앙이 아니다. 거룩함은 그리스도인의 사적 영역과 공적 생활 모두에 영향을 미치는 것이다. 거룩함은 행동과 관계성을 변화시킨다. 이 땅에 거룩으로 옷 입은 참된 그리스도인이 더 많이 존재할수록 사회 여러 영역의 변화도 가속화될 것이다."[29]

---

27 팀 켈러, 『센터 처치』, 오종향 옮김(서울: 두란노, 2016), 117에서는 부흥 운동의 사회적 영향을 지적한다.

28 켈러, 『센터 처치』, 57-58, 171-72 등에서 강력하게 주장하는 내용이다.

29 켈러, 『센터 처치』, 171-72.

신자의 행복은 신자가 속한 사회를 떠나 존재할 수 없습니다. 신자 개개인이 받은 복은 사회와 국가라는 더 넓은 자리로 흘러가야 합니다. 한 개인의 번영이 다른 사람에게 복이 되지 않는다면, 그 번영은 자신에게 저주가 될 수도 있습니다. 많이 가진 사람들이 자신의 부와 번영을 보다 연약한 자들과 나누지 않는다면 그 사회는 사막화될 것입니다. 아무리 부자라 해도 홀로 오아시스에서 살 수 있는 사람은 없습니다.[30] 그렇기에 우리는 나눠야 합니다.

6절 또한 주목할 필요가 있습니다. 시인은 경건한 사람에게 "네 자식의 자식을 볼지어다 이스라엘에게 평강이 있을지로다."라고 복을 빌고 있습니다. 자식의 자식을 보는 것은 창조의 명령을 따라 생육하고 번성하며(창 1:22), 아브라함 언약을 이어가는 것입니다(창 15:5).[31] 건강한 장수와 아름다운 노년은 모든 사람의 희망입니다. 하지만 단지 오래 산다고 좋은 것은 아닙니다. 손봉호 교수님이 이런 글을 쓰신 적이 있습니다.

"5월 5일은 어린이날이다. 방정환 선생은 당시에 어린이들이 너무 천대 받는 것을 보고 어린이날 제정을 추진하였다. 5월 8일은 어버이날이다.

---

30 김정우, 『시편 주석 III』, 581-82.

31 김정우, 『시편 주석 III』, 582. 이 견해는 탁견이다.

그런데 과거의 어린이들보다 오늘날 노부모들이 더 천대를 받으므로 이제는 어린이날보다 오히려 어버이날을 공휴일로 정하는 것이 더 적절할 것 같다. 생산성, 효율성이 절대적 가치로 등장한 오늘날 노인들을 천대할 핑계는 무수하다. 아무것도 생산하지 못하면서 징그럽게 오래 살아 밥만 축이고, 병은 지지리도 많아서 막대한 건강보험금을 축내지 않는가. 거지 신세 면해보고 자식 놈들 공부시킨다고 뼈 빠지게 일했지만, 노후대책은 세우지 않아 노령연금으로 세금을 갉아먹고, 쓸데없이 차를 몰고 다니다가 교통사고나 내지 않는가. 효도 제대로 한 마지막 세대인데 효도 못 받는 첫 세대, 어른을 존중한 마지막 세대인데 존중 못 받는 첫 세대라고 푸념하면서 "너 늙어 봤어!"라고 항의해 봤자, "누가 늙으래?"라는 메아리만 돌아온다."[32]

공부와 입시에 시달리는 청소년들의 문제도 심각하고, 일자리를 구하지 못해서 알바비로 겨우겨우 생계를 이어가는 청년들의 문제도 심각하지만, 우리나라 노인들의 자살률이 세계 최고인 것을 생각하면 노인들의 생계와 인권 문제는 너무나도 심각합니다. 적어도 교회에서는 노인들과 어르신들이 대접 받는 환경을 만들어야 합니다. 오늘 시편에서 자식의 자식을 보는 것은 단지 오래 산다는 의미라기보다는, 연로한 자들이 인생의 말년을 행복하게 살아가는 모습을 묘사한다고 볼 수 있습니다. 우리는 노인들이 삶의 보람을 느끼고 살아온 인생에

---

32 "더 아름다운 유산 남기기(손봉호) 2019년 5월 7일" https://cemk.org/12989/ (2021.5.8. 접속)

대해 긍지를 느끼며, 자식들과 후배들과 진정한 연대감과 일체감을 느낄 수 있는 사회를 만들어 가야 합니다.

가성만사화(家聖萬事和)

옛말에 가화만사성(家和萬事成)이라는 말이 있습니다. 가정이 화목하면 모든 일이 잘 이뤄진다는 뜻이지요. 그런데 오늘 시편에 대해 저는 "가성만사화(家聖萬事和)"라는 별명을 붙여 보았습니다. 가정이 거룩하면 모든 일에 평화가 깃든다는 의미입니다.

오늘 말씀에서 우리는 가정의 위대함을 보게 되었습니다. 가정은 세상에서 가장 거룩한 장소입니다. 가정은 세상으로 나아가 일을 시작하는 출발점이자 다시 돌아와 휴식을 취하고 새로운 힘을 공급받는 안식처입니다.[33] 가정은 이상과 꿈을 품은 곳이며 그것이 구현되는 곳입니다.[34] 가정은 믿음과 신뢰의 요람입니다. 가정은 사랑이 탄생하는 곳입니다.

---

33 Gordon(고든), 『S. D. 고든의 가정』, 86.

34 Gordon(고든), 『S. D. 고든의 가정』, 87.

그렇기에 한 사람을 알려면 가정을 보면 됩니다.[35] 예수님의 생애 중 가장 오래 머문 곳은 예루살렘이나 가버나움이 아니라 바로 나사렛이었습니다. 예수님의 어린 시절, 가정에서의 삶을 알 수 있는 곳이 나사렛입니다. 그곳에서 예수님은 미망인이었을 어머니 마리아를 섬기셨습니다. 남동생인 야고보, 요셉, 유다, 시몬과 여동생들을 포함하여 8명 이상의 대가족을 부양해야 했습니다. 그리고 동네 사람들에게 이웃사촌으로, 다른 목수들에게는 동료로서 성실하게 사셨습니다. 꾸밈없고 따뜻하며 신실하고 변함없는 예수님의 사랑이 바로 이 나사렛의 한 가정에서 오롯이 형성되었습니다. 그래서 새뮤얼 고든은 "예수님에게 나사렛이 있었기에 갈보리가 있었습니다."라는 명언을 남겼습니다.[36]

사랑하는 성도 여러분, 여러분의 가정은 어떤 곳입니까? 경건한 예배와 노동의 즐거움, 부부의 깊은 사랑과 자녀들과의 즐거운 식탁교제가 있습니까? 그렇다면 하나님은 여러분의 가정을 교회와 사회에 복을 주시는 통로로 사용하실 것입니다. 여러분의 가정이 여호와를 경외하여 더 넓은 공동체를 하나님 나라로 세워가는 귀한 요람이 되기를 주님의 이름으로 권면합니다. 아멘.

---

35 Gordon(고든), 『S. D. 고든의 가정』, 99.

36 Gordon(고든), 『S. D. 고든의 가정』, 103.

+

Redemptive-Historical
Sermon

6

삼위 하나님의 손

(이사야 49:14-23)

삼위 하나님의 손

14. 오직 시온이 이르기를 여호와께서 나를 버리시며 주께서 나를 잊으셨다 하였거니와
15. 여인이 어찌 그 젖 먹는 자식을 잊겠으며 자기 태에서 난 아들을 긍휼히 여기지 않겠느냐 그들은 혹시 잊을지라도 나는 너를 잊지 아니할 것이라
16. 내가 너를 내 손바닥에 새겼고 너의 성벽이 항상 내 앞에 있나니
17. 네 자녀들은 빨리 걸으며 너를 헐며 너를 황폐하게 하던 자들은 너를 떠나가리라
18. 네 눈을 들어 사방을 보라 그들이 다 모여 네게로 오느니라 나 여호와가 이르노라 내가 나의 삶으로 맹세하노니 네가 반드시 그 모든 무리를 장식처럼 몸에 차며 그것을 띠기를 신부처럼 할 것이라
19. 이는 네 황폐하고 적막한 곳들과 네 파멸을 당하였던 땅이 이제는 주민이 많아 좁게 될 것이며 너를 삼켰던 자들이 멀리 떠날 것이니라

20. 자식을 잃었을 때에 낳은 자녀가 후일에 네 귀에 말하기를 이곳이 내게 좁으니 넓혀서 내가 거주하게 하라 하리니
21. 그 때에 네가 네 마음에 이르기를 누가 나를 위하여 이들을 낳았는고 나는 자녀를 잃고 외로워졌으며 사로잡혀 유리하였거늘 이들을 누가 양육하였는고 나는 홀로 남았거늘 이들은 어디서 생겼는고 하리라
22. 주 여호와가 이같이 이르노라 내가 뭇 나라를 향하여 나의 손을 들고 민족들을 향하여 나의 기치를 세울 것이라 그들이 네 아들들을 품에 안고 네 딸들을 어깨에 메고 올 것이며
23. 왕들은 네 양부가 되며 왕비들은 네 유모가 될 것이며 그들이 얼굴을 땅에 대고 네게 절하고 네 발의 티끌을 핥을 것이니 네가 나를 여호와인 줄을 알리라 나를 바라는 자는 수치를 당하지 아니하리라.

(이사야 49:14-23)

망각하는 인간 vs. 잊지 않으시는 하나님

건망증이 심한 사람이 있습니다. 저도 뭔가를 깜빡 잊을 때가 종종 있습니다. 저는 고신대 신학과 학생들을 데리고 유럽에 가서 종교개혁지를 탐방한 적이 있습니다. 그 때 한 학생이 독일 베를린에서 가방을 잃어버렸습니다. 여권이 들어 있는 가방이라, 찾기 위해 고생을 많이 했습니다. 저는 속으로 '어떻게 여권이 든 가방을 잃어버리나?'라고 생각했습니다. 그런데 그날 저녁에 독일에서 체코로 넘어가는데, 고속도로 위에서 제가 운전하던 차가 멈춰 버렸습니다. 기름이 다 떨어졌기 때문입니다. 제가 차에 기름 넣는 것을 잊었던 것입니다. 사람은 이처럼 잘 잊어버립니다. 하나님은 어떠실까요? 오늘 본문에서 하나님은 절대로 하나님의 백성들을 잊지 않으신다고 말씀합니다.

하나님의 손바닥

오늘 본문 14절은 이렇게 말씀합니다.[1]

---

1   이사야서는 기독교 신학자들이 가장 중요하게 여긴 성경 중에 하나이다. 이사야서 주석은 아래의 것이 좋다. J. A. Motyer, *The Prophecy of Isaiah: An Introduction & Commentary* (Downers Grove, IL: InterVarsity Press, 1996); J. Alec Motyer, *Isaiah: An Introduction and*

오직 시온이 이르기를 여호와께서 나를 버리시며 주께서 나를 잊으셨다 하였거니와(사 49:14)

여기서 시온은 이스라엘 백성들을 말합니다. 왜 시온은 하나님이 자신들을 잊어버리셨다고 합니까? 그들이 처한 상황이 너무나 비참했

Commentary, vol. 20, Tyndale Old Testament Commentaries (Downers Grove, IL: InterVarsity Press, 1999); John N. Oswalt, The Book of Isaiah, Chapters 1-39, The New International Commentary on the Old Testament (Grand Rapids, MI: Eerdmans, 1986); John N. Oswalt, The Book of Isaiah, Chapters 40-66, The New International Commentary on the Old Testament (Grand Rapids, MI: Eerdmans, 1998); Gary V. Smith, Isaiah 1-39, ed. E. Ray Clendenen, The New American Commentary (Nashville: B & H Publishing Group, 2007); Gary Smith, Isaiah 40-66, vol. 15B, The New American Commentary (Nashville, TN: Broadman & Holman Publishers, 2009); John D. W. Watts, Isaiah 1-33, Revised Edition, vol. 24, Word Biblical Commentary (Nashville: Thomas Nelson, Inc, 2005); John D. W. Watts, Isaiah 34-66, Revised Edition, vol. 25, Word Biblical Commentary (Nashville, TN: Thomas Nelson, Inc, 2005); Steven A. McKinion, ed., Isaiah 1-39, Ancient Christian Commentary on Scripture (Downers Grove, IL: InterVarsity Press, 2004); Mark W. Elliott, ed., Isaiah 40-66, Ancient Christian Commentary on Scripture (Downers Grove, IL: InterVarsity Press, 2007); Edward Young, The Book of Isaiah, Chapters 1-18, vol. 1 (Grand Rapids, MI: Eerdmans, 1965); Edward Young, The Book of Isaiah, Chapters 19-39, vol. 2 (Grand Rapids, MI: Eerdmans, 1969); Edward Young, The Book of Isaiah, Chapters 40-66, vol. 3 (Grand Rapids, MI: Eerdmans, 1972). 학문적 논의를 위해서는 아래 주석들이 좋다. Brevard S. Childs, Isaiah: A Commentary, ed. William P. Brown, Carol A. Newsom, and Brent A. Strawn, 1st ed., The Old Testament Library (Louisville, KY: Westminster John Knox Press, 2001). 차일즈의 주석은 그의 정경비평으로 여러 다른 비평적 관점을 비판하거나 교정하는 역할을 수행한다. Wim Beuken, Isaiah. Part 2, Historical Commentary on the Old Testament (Leuven: Peeters, 2000); John Goldingay, Isaiah, ed. W. Ward Gasque, Robert L. Hubbard Jr., and Robert K. Johnston, Understanding the Bible Commentary Series (Grand Rapids, MI: Baker Books, 2012); 최윤갑, 『구속사로 읽는 이사야』(서울: 새물결플러스, 2020).

기 때문입니다. 바벨론이 쳐들어 와서 남유다는 폐허가 되었습니다.[2] 예루살렘 도시는 망가졌고, 백성들은 포로로 잡혀갔습니다. 어른과 아이 할 것 없이 무참히 살해당했습니다. 여인들은 그들의 자녀들을 빼앗겨 버렸습니다. 그런 상황에서 이스라엘 백성들은 하나님을 원망하고 있습니다.

"여호와께서 나를 버리셨다. 주님께서 나를 잊으셨다." 이 표현은 매우 심각한 표현입니다. 그것은 하나님이 언약을 깨뜨렸다는 의미이기 때문입니다. "언약"이 무엇입니까? 언약이란 말 그대로 말씀 언(言), 약속 약(約), 하나님의 말씀으로 된 약속입니다. 언약을 구체적으로 정의하면, 하나님께서 믿는 자와 그 자녀들에게 약속과 사명을 주시기 위해 주권과 은혜로 세우신 연합을 뜻합니다. 이사야 54장 10절을 보겠습니다.

> 산들이 떠나며 언덕들은 옮겨질지라도 나의 자비는 네게서 떠나지 아니하며 나의 "화평의 언약"은 흔들리지 아니하리라 너를 긍휼히 여기시는 여호와께서 말씀하셨느니라 (사 54:10)

---

2 본문의 배경에 대해서는 아래 주석을 보라. 존 오스월트, 『NIV 적용주석, 이사야』, 장세훈, 김홍련 옮김(서울: 한국성서유니온선교회, 2007[2004]), 738-40. 이 설교는 아놀드 하위흔(Arnold Huijgen) 교수가 2018년 10월 28일 부산 사직동교회에서 전한 "Engraved on the palms of God's hands"(Isaiah 49:8-26)의 골격을 따랐다. 하지만 세부적인 내용은 필자가 전체적으로 수정하고 보완했다. 특히 중반 이후에 기독론과 성령론 관련된 부분은 '손'을 많이 봤다.

하나님은 이스라엘 백성들에게 화평의 언약을 주셨습니다. 그 언약의 내용은 하나님께서 그들을 자비로 지키시며 그들을 떠나지 않으시며 그들을 불쌍히 여기시겠다는 약속입니다. 그런데 본문 14절에서 시온은 여호와께서 나를 버리시며 주께서 나를 잊으셨다고 말합니다. 하나님께서 언약을 깨뜨리시고, 부르짖어도 듣지 않으신다는 뜻입니다.

살다보면 이런 일이 생깁니다. '왜 하나님은 내 기도에 응답하지 않으시는가? 왜 하나님은 나를 이런 곤경 가운데 빠뜨리시는가?' 한 번은 저희 집에서 가정 예배를 드리는데, 한 녀석이 이렇게 말합니다. "아빠, 진짜 하나님이 기도를 들어주세요?" "그럼, 하나님은 기도에 응답하시지." "그런데 하나님은 왜 내 기도는 안 들어주세요?" 초등학교 고학년만 되어도 하나님이 기도에 응답하지 않을 때가 많다는 것을 느낍니다.

그런데 여기에서 이스라엘의 불평은 단지 기도에 응답하지 않는 정도가 아닙니다. 하나님이 아예 언약 관계를 깨뜨려 버리셨다는 말입니다. 하나님이 신실하지 못하다는 뜻입니다. 그러나 하나님이 정말 언약을 깨뜨리셨습니까? 결코 그렇지 않습니다. 지금 시온이 고난당하는 이유는, 그들이 하나님의 말씀을 어김으로 하나님께 벌을 받은 것입니다. 앗수르가 침공하여 북이스라엘이 망하고, 바벨론이 침공하여 남유다가 망한 것은 다 그들의 죄악 때문이지, 하나님이 신실하지 않으셔서 그런 것이 아닙니다. 그들은 그렇게 벌을 받아 마땅했습니다. 그런데, 하나님은 시온의 부르짖음을 외면하지 않으십니다. 15절을 보십시오.

여인이 어찌 그 젖 먹는 자식을 잊겠으며 자기 태에서 난 아들을 긍휼
히 여기지 않겠느냐 그들은 혹시 잊을지라도 나는 너를 잊지 아니할 것
이라(사 49:15)

아무리 건망증이 심한 사람이라고 해도 자기 젖 먹는 자식을 잊지
는 않습니다. 물건을 아무 데나 놔두고 깜빡 잊는 사람도 자기 아들,
딸을 잊어버리는 일은 없습니다. 마찬가지로 하나님은 절대로 시온을
잊지 않으신다고 말씀하십니다. 이스라엘 백성들이 "왜 하나님이 나
를 버리셨나?"라고 불평할 때 하나님은 응답하지 않으셔도 됩니다. 오
히려 반성하지 않는 그들에게 벌을 더 주셔도 됩니다. 하지만 주님은
그렇게 하지 않으십니다. 여인이 자기 태에서 난 아들을 긍휼히 여기
듯이 하나님은 그들의 허물을 덮어주십니다.

시편 103편 13절에서는 "아버지가 자식을 긍휼히 여김 같이 여호
와께서는 자기를 경외하는 자를 긍휼히 여기시나니"라고 말씀합니다.
자식을 키워보니까 이 말씀의 의미를 알겠더군요. 때로는 자식들이
속을 뒤집어 놓을 때가 있습니다. 가끔이 아니라, 거의 매일 그렇습니
다. 어떤 때는 야단을 칩니다. 그런데 가끔은 '자기도 얼마나 답답하면
저러겠나...' 하는 생각이 듭니다. 자식에 대한 연민 때문입니다. "애는
애다."라고 생각하면서 부족한 부분을 그냥 이해해 주기로 하는 것입
니다. 이것이 부모의 심정입니다.

어머니가 자기 배에서 낳은 자식을 대하듯이 하나님은 이스라엘

백성들을 그렇게 대하십니다. 이것이 언약적인 사랑입니다. 이것은 세상이 알지 못하는 사랑입니다. 세상은 언제나 엄격한 거래관계를 요구합니다. 네가 나에게 주는 만큼, 나도 너를 그렇게 대하겠다는 것입니다. "세상에 공짜는 없다."는 말이 그런 방식을 대변합니다. 하지만 하나님은 우리를 그렇게 대하지 않으십니다. 엄마가 자식을 대하듯 대해주십니다. 잘못한 자식이 더 큰 소리를 치는데도, 오히려 "나는 너를 잊지 않았어. 내가 너를 도와줄게."라고 말씀하십니다. 그러한 하나님의 사랑을 16절에서는 이렇게 표현합니다.

> 내가 너를 내 손바닥에 새겼고 너의 성벽이 항상 내 앞에 있나니
> (사 49:16)

하나님께서 시온을 하나님의 손바닥에 새기셨다고 하십니다. 하나님의 거대한 손에 시온의 백성들의 이름이 하나하나 다 새겨진 것이 연상되는 말씀입니다. 하나님은 시온을 하나님의 손바닥에 새기셨습니다. 그들의 이름 하나하나를 손바닥에 새겨 기억하고 계십니다. 단 한 사람도 놓치지 않고 잊지 않고 계십니다.

여러분, 손바닥은 우리가 자주 보는 신체의 일부분입니다. 하나님께서 내가 너를 내 코에 새겼다 하면 느낌이 덜 올 것입니다. 우리는 코를 자주 보지는 않기 때문입니다. 오른쪽 눈을 감아 보세요. 오른쪽에 보이는 게 하나 있지요. 그게 여러분의 코입니다. 왼쪽 눈을 감아 보세

요. 왼쪽에 보이는 게 하나 있죠. 그게 여러분의 코입니다. 이런 코에 뭘 새기면 잘 보이지도 않을 겁니다.

그런데 손은 어떻습니까? 손은 자주 봅니다. 제가 아는 의사 선생님은 뭔가 꼭 기억해야 할 것이 있으면 손에 써 놓습니다. 스마트폰은 어디다 두고 다닐 수 있지만, 손을 두고 다닐 수는 없으니까요. 하나님께서 시온을 손에 새기셨다는 것은 절대로 잊지 않으시겠다는 의미입니다. 그렇게 손에 시온을 새겨놓고 하나님은 "너의 성벽이 항상 내 앞에 있다"(16절)고 말씀하십니다.

시온의 성벽은 완전히 무너져 있는 상태였습니다. 그런데 하나님의 눈앞에 시온의 성벽은 항상 서 있습니다. 시온은 자신의 무너진 현실을 볼 뿐이지만, 하나님은 회복될 시온의 미래를 보고 계십니다. 우리 하나님의 손은 어떤 손입니까? 천지를 만드신 전능하신 손입니다. 이스라엘 백성들을 애굽에서 건져내신 구원의 손입니다. 그들을 광야 40년 동안 먹이신 능력의 손입니다. 바로 그 손에 우리의 이름이 새겨져 있습니다. 우리가 보기에 '내 삶은 왜 항상 이 모양인가?'라고 생각할 때가 있습니다. 하지만 하나님은 말씀하십니다. "너의 성벽이 항상 내 앞에 있다! 나는 너를 새롭게 재건할 것이다. 내가 너를 고쳐줄 것이다. 나는 너의 인생을 바꿔 줄 것이다!" 이렇게 약속하시는 하나님을 믿으시기 바랍니다.

예수님의 손

여기서 우리가 한 가지 더 생각할 것은 그 당시에 손에 문신을 새기는 사람들이 어떤 사람들이었는가 하는 것입니다. 본문에서 "내가 너를 내 손바닥에 새겼고"라고 할 때 그것은 단지 먹물로 잠시 써놓았다는 뜻이 아닙니다. 불도장 같은 것으로 지져서 문신을 새겼다는 의미입니다. 고대에 이렇게 불도장으로 문신을 새기는 사람들은 노예였습니다. 노예들은 손등이나 등에 문신을 새겨서 주인이 누구인지 알게 해 놓았습니다. 혹시나 도망을 가거나 혹은 길을 잃어버린 노예가 있으면, 그 문신을 보고 주인에게 돌려줄 수 있도록 했습니다.

그렇다면 오늘 본문이 말하듯이, 하나님의 손에 문신을 새겼다고 할 때 하나님이 노예가 되었다는 뜻입니까? 그렇게 말하면 너무나 외람된 말일 것입니다. 이사야 선지자가 하나님의 손에 대해 말할 때 그것은 언제나 전능하신 하나님의 손을 뜻했기 때문입니다. 이사야 40장 12절 이하를 보십시오.

누가 손바닥으로 바닷물을 헤아렸으며 뼘으로 하늘을 쟀으며 땅의 티끌을 되에 담아 보았으며 접시 저울로 산들을, 막대 저울로 언덕들을 달아 보았으랴 누가 여호와의 영을 지도하였으며 그의 모사가 되어 그를 가르쳤으랴 그가 누구와 더불어 의논하셨으며 누가 그를 교훈하였으며 그에게 정의의 길로 가르쳤으며 지식을 가르쳤으며 통달의 도를 보여 주었느냐 보라 그에게는 열방이 통의 한 방울 물과 같고 저울의 작

은 티끌 같으며 섬들은 떠오르는 먼지 같으리니 레바논은 땔감에도 부
족하겠고 그 짐승들은 번제에도 부족할 것이라(사 40:12-16)

이처럼 하나님의 손은 전능한 능력의 손입니다. 그런데 그 하나님
의 손을 우리는 언제 보게 되었습니까? 눈에 보이지 않는 하나님을 우
리는 어떻게 보게 되었습니까? 바로 인간의 몸을 입고 오신 예수 그리
스도의 모습에서 보게 되었습니다. 이사야 53장은 장차 오실 메시야
에 대해서 이렇게 예언하고 있습니다.

우리가 전한 것을 누가 믿었느냐 여호와의 팔이 누구에게 나타났느냐 그
는 주 앞에서 자라나기를 연한 순 같고 마른 땅에서 나온 뿌리 같아서
고운 모양도 없고 풍채도 없은즉 우리가 보기에 흠모할 만한 아름다운
것이 없도다 그는 멸시를 받아 사람들에게 버림 받았으며 간고를 많이
겪었으며 질고를 아는 자라 마치 사람들이 그에게서 얼굴을 가리는 것
같이 멸시를 당하였고 우리도 그를 귀히 여기지 아니하였도다 그는 실로
우리의 질고를 지고 우리의 슬픔을 당하였거늘 우리는 생각하기를 그는
징벌을 받아 하나님께 맞으며 고난을 당한다 하였노라(사 53:1-4)

고난당하는 종의 모습입니다. 그래서 우리는 이사야 53장을 종의
노래라고 부릅니다. 그런데 이사야 53장 10절 11절을 보십시오.

여호와께서 그에게 상함을 받게 하시기를 원하사 질고를 당하게 하셨

은즉 그의 영혼을 속건제물로 드리기에 이르면 그가 씨를 보게 되며 그의 날은 길 것이요 또 "그의 손으로" 여호와께서 기뻐하시는 뜻을 성취하리로다 그가 자기 영혼의 수고한 것을 보고 만족하게 여길 것이라 "나의 의로운 종"이 자기 지식으로 많은 사람을 의롭게 하며 또 그들의 죄악을 친히 담당하리로다(사 53:10-11)

하나님의 종인 이 메시아, 예수 그리스도는 자기 손으로 여호와께서 기뻐하시는 뜻을 성취하실 것입니다! 그렇습니다. 예수 그리스도는 하나님의 아들이십니다. 그런데 그분이 이 땅에 오실 때에는 종의 모습으로, 마치 손바닥에 주인의 이름을 새긴 종의 모습으로 오셨습니다. 그리고 그분은 자기 손으로 하나님의 기쁘신 뜻을 다 행하셨습니다.

예수님께서 이 땅에 오셔서 그 손으로 행하신 일이 어떤 일이었습니까? 주님은 그 손으로 병자들을 친히 어루만지시며 고쳐주셨습니다. 주님은 그 손으로 떡을 떼어 무리들에게 나눠주셨습니다. 주님은 그 손을 얹어 아이들에게 복을 주셨습니다. 주님은 그 손으로 우리 모든 사람들을 위하여 기도해 주셨습니다. 주님께서 매일 아침 기도하신 그 손은 우리의 이름이 새겨진 손이었습니다. 그리고 주님은 친히 그 손에 못 박혀 우리 대신 십자가에 달려 죽으셨습니다.

이처럼 예수 그리스도께서는 그 손으로 위대하신 일을 이루셨습니다. 그 손으로 하나님의 기쁘신 뜻을 다 성취하셨습니다. 그 모든 것은 우리의 구원을 위한 일이었고, 하나님의 사랑의 표현이었습니다. 요한복음을 보면, 부활하신 주님께서 그 손을 제자들에게 보여 주셨습니다.

> 이 말씀을 하시고 "손"과 옆구리를 보이시니 제자들이 주를 보고 기뻐하더라(요 20:20)

그 후에 의심 많은 도마가 "내가 그의 손의 못 자국을 보며 내 손가락을 그 못 자국에 넣으며 내 손을 그 옆구리에 넣어 보지 않고는 믿지 아니하겠노라"라고 했을 때(요 20:25), 예수님은 친히 나타나셔서 "네 손가락을 이리 내밀어 내 손을 보고 네 손을 내밀어 내 옆구리에 넣어 보라 그리하여 믿음 없는 자가 되지 말고 믿는 자가 되라"고 말씀해 주셨습니다(요 20:27).

바로 이 손이 지금도 우리와 함께 하십니다. 지금도 우리 주 예수 그리스도께서는 하나님 보좌 우편에서 못 자국 난 손을 모아 우리를 위해 기도하고 계십니다.

우리가 기도하는 이유가 무엇입니까? 그것은 바로 우리의 중보자 되신 예수님께서 우리를 위해 기도하고 계시기 때문입니다. 그래서 우리는 긍휼하심을 받고 때를 따라 돕는 은혜를 얻기 위하여 은혜의 보좌 앞에 담대히 나아갈 수 있습니다(히 4:16).

성령님의 손

오늘 본문은 여기에서 멈추지 않습니다. 18절을 보십시오.

> 네 눈을 들어 사방을 보라 그들이 다 모여 네게로 오느니라 나 여호와
> 가 이르노라 내가 나의 삶으로 맹세하노니 네가 반드시 그 모든 무리를
> 장식처럼 몸에 차며 그것을 띠기를 신부처럼 할 것이라(사 49:18)

주님은 시온에게 믿음의 눈을 들어 보기를 요청하십니다. "네 눈
을 들어 사방을 보라!" 이제 불평과 원망을 그치고, 믿음의 눈을 들어
동서남북을 바라보라고 하십니다. 이제 포로로 잡혀 갔던 이들이 돌
아오기 때문입니다. 그저 한두 명 겨우 살아 돌아오는 것이 아닙니다.
19절과 20절에서 말씀하듯이, 시온의 자녀들이 수없이 많이 돌아와
서 시온이 거주하기에 부족할 정도가 될 것입니다. 황폐하고 적막한
곳들과 파멸을 당하였던 땅이 사람들로 가득 차 북적거릴 것입니다.
시온은 한 때 자식을 다 잃고 혼자가 되었습니다. 그러나 이제 21절 말
씀과 같이 시온에게는 많은 자녀들이 생겼습니다. 어떻게 이런 일들이
생겼습니까? 바로 하나님께서 그 전능하신 손으로 행하셨기 때문입
니다. 22절에서 하나님은 놀라운 약속을 주십니다.

> 주 여호와가 이같이 이르노라 내가 뭇 나라를 향하여 나의 "손"을 들고

민족들을 향하여 "나의 기치"를 세울 것이라 그들이 네 아들들을 품에
안고 네 딸들을 어깨에 메고 올 것이며(사 49:22)

하나님께서 세상 나라들을 향하여 손을 드십니다. 모든 민족들 앞
에서 하나님의 "기치"를 세우실 것입니다. 여기에서 말하는 "나의 기
치"는 히브리어로 "닛시"라고 되어 있습니다. 출애굽기 17장 15절에도
나오는 이 "여호와 닛시"라는 표현에서, 닛시는 깃발을 뜻합니다.[3]
전쟁에서는 언제나 지휘관의 깃발을 잘 보고 그것을 중심으로 모
여야 합니다. 이사야 본문에서 하나님은 장차 모든 민족들 앞에서 손
을 들고 깃발을 드실 것이라고 약속하셨습니다. 그 약속이 우리의 것
이 되기 위해서는 우리 역시 여호와 닛시를 향해 손을 들고 기도해야
합니다. 이사야처럼 소망의 미래를 향해 한 걸음씩 나아가야 합니다.
우리의 믿음의 기도와 순종을 돕기 위해서 예수님은 성령을 우리에게
보내십니다. 사도행전 2장 33절에 보면 놀라운 말씀이 나옵니다.

하나님이 "오른손"으로 예수를 높이시매 그가 약속하신 성령을 아버지
께 받아서 너희가 보고 듣는 이것을 부어 주셨느니라(행 2:33)

---

3   Douglas K. Stuart, *Exodus*, vol. 2, The New American Commentary (Nashville: Broadman &
    Holman Publishers, 2006), 400.

그 손으로 구원 사역을 다 이루신 예수님을 하나님께서 그 오른손으로 높이셨습니다. 높아지신 예수님은 하나님 아버지의 손으로부터 성령을 받아 그 손으로 성령을 보내 주십니다.⁴ 성령 하나님은 이제 우리 손에서 하나님의 놀라운 일들이 경험되도록 해 주십니다.

우리가 믿음으로 행하면 우리의 손길이 닿는 곳에 하나님의 놀라운 일들이 일어납니다. 분열이 있는 곳에 화평이 찾아옵니다. 미움과 시기와 질투가 있는 곳에 사랑이 채워집니다. 흉악의 사슬이 끊어집니다. 죄와 사망과 사탄의 노예가 되었던 사람들이 이제 의와 생명과 성령의 종이 됩니다.

믿음의 손으로 드리는 기도

사랑하는 여러분, 여러분은 하나님 아버지의 전능하신 손에 여러분의 이름이 새겨진 것을 믿으십니까? 예수 그리스도께서 그 손에 문신을 새겨 스스로 낮아지시고 종의 모습으로 오셔서 우리의 구원을 위해 필요한 모든 것을 그 손으로 행하신 것을 믿으십니까?

그렇다면, 이제 여러분은 예수님이 하나님 아버지로부터 받아 보

---

4   이 표현들은 필자가 신학화한 것이다. 삼위일체적 손의 신학이라 명명할 수 있다.

내신 성령님께서 우리의 손을 통해 놀라운 일을 행하실 것을 믿으시기 바랍니다! 그 믿음이 있는 분들은 믿음의 손을 모아 기도할 수 있습니다. 기도는 하나님의 손의 능력을 끌어다 쓰는 유일한 방법입니다. 모든 믿음의 사람들은 삼위 하나님께서 자기 시대에 그 손으로 일하심을 믿고 기도하며 행하였습니다.

여러분의 주변에 시온과 같이, 예루살렘과 같이 황폐해진 곳이 있습니까? 이 사회가, 이 국가가, 여러분의 직장이, 여러분의 가정이 그러하다고 생각하십니까? 그렇다면 기도하시기 바랍니다. 능력의 주님께서 그 손의 능력으로 우리를 채우실 것입니다. 하나님은 지금도 신실하게 하나님의 약속을 믿는 자들에게 그 언약을 이루십니다. 아멘.

예수 그리스도의
친구, 교회

(요한복음 15:12-17)

예수 그리스도의 친구, 교회

12. 내 계명은 곧 내가 너희를 사랑한 것 같이 너희도 서로 사랑하라 하는 이것이니라

13. 사람이 친구를 위하여 자기 목숨을 버리면 이보다 더 큰 사랑이 없나니

14. 너희는 내가 명하는 대로 행하면 곧 나의 친구라

15. 이제부터는 너희를 종이라 하지 아니하리니 종은 주인이 하는 것을 알지 못함이라 너희를 친구라 하였노니 내가 내 아버지께 들은 것을 다 너희에게 알게 하였음이라

16. 너희가 나를 택한 것이 아니요 내가 너희를 택하여 세웠나니 이는 너희로 가서 열매를 맺게 하고 또 너희 열매가 항상 있게 하여 내 이름으로 아버지께 무엇을 구하든지 다 받게 하려 함이라

17. 내가 이것을 너희에게 명함은 너희로 서로 사랑하게 하려 함이라

(요한복음 15:12-17)

친구로 삼아주시는 새로운 사랑

관포지교(管鮑之交)라는 말이 있습니다. 관중과 포숙의 우정을 말하는 고사성어(故事成語)입니다. 중국 춘추전국 시대에 관중과 포숙이라는 친구가 있었습니다. 관중은 능력이 많았지만 가난했습니다. 친구 포숙은 이 친구를 잘 이해하고 인정해 주었습니다. 포숙은 왕에게 천하를 다스리려면 관중을 기용해야 한다며 관중을 천거하기도 했습니다. 훗날 관중은 자기 친구 포숙에 대해 이렇게 말했습니다.

> "나와 포숙이 젊은 시절, 둘이서 장사할 때, 내가 이익을 더 챙겼는데 이 때 포숙은 내가 가난했기 때문이라고 했습니다. 내가 벼슬길에서 물러나게 되었을 때, 사람들은 내가 무능하다고 했지만, 포숙은 내게 운이 따르지 않은 것이라고 했습니다. 내가 전쟁터에서 도망갔을 때 사람들은 내가 비겁한 겁쟁이라고 했지만, 포숙은 나에게는 늙으신 어머님이 있어서 그랬다고 했습니다."

이에 대해 관중은 이렇게 말했습니다.

> "나를 낳아준 사람은 부모지만, 나를 알아준 사람은 포숙입니다."

여러분에게도 참된 친구가 있습니까? 저도 친한 친구가 있습니다. 가끔씩 제가 억울한 일을 당하면 저보다 더욱 분개합니다. 그럴 때 저는 한편으로 민망하면서도, 정말 고마움을 느낍니다.

오늘 우리가 읽은 요한복음 15장 12절에서 예수님은 "내 계명은
곧 내가 너희를 사랑한 것 같이 너희도 서로 사랑하라 하는 이것이니
라."라고 말씀하십니다.[1] 이미 요한복음 13장 34절에서 예수님은 비슷
한 말씀을 하신 적이 있습니다.

새 계명을 너희에게 주노니 서로 사랑하라 내가 너희를 사랑한 것 같이
너희도 서로 사랑하라 (요 13:34)

왜 예수님은 서로 사랑하라는 명령을 새 계명이라고 하셨을까요?
이미 예수님은 사랑에 대한 말씀을 많이 하셨습니다. 하지만 이제 사
랑에 대한 예수님의 말씀은 새로운 의미로 드러날 것입니다. 왜냐하

---

1   설교 작성에 많은 도움을 받은 책들은 아래와 같다. D. A. 카슨, 『요한복음』, PNTC 주석
    시리즈, 박문재 옮김(솔로몬, 2017); D. A. 카슨, 『예수님의 고별설교: 요한복음 14-17장 강
    해』, 김춘섭 옮김(서울: 크리스챤서적, 1991); 얀 판 더 바트, 『요한문헌 개론』, 황원하 옮김(기
    독교문서선교회, 2011). 그 외에도 요한복음 주석은 아래와 같은 주석들이 좋다. Andreas J.
    Köstenberger, John, Baker Exegetical Commentary on the New Testament (Grand Rapids, MI:
    Baker Academic, 2004); Leon Morris, The Gospel according to John, The New International
    Commentary on the New Testament (Grand Rapids, MI: Wm. B. Eerdmans Publishing Co., 1995);
    William Hendriksen, Exposition of the Gospel according to John, 2 vols., New Testament
    Commentary (Grand Rapids: Baker Book House, 2001); Raymond E. Brown, The Gospel of John,
    2 vols., Anchor Bible 29-29A (New York: Doubleday, 1966, 1970).

면 십자가로 말미암아 예수님께서 말씀하신 사랑이 정말 어떤 것인지를 새롭게 경험하게 될 것이기 때문입니다.[2] 캔들리쉬(R. Candlish)라는 사람은 "교리상의 기독교는 언제나 옛 것이지만 경험상의 기독교는 언제나 새롭다."라는 말을 남겼습니다. 사랑이 교리라고 한다면 그 교리는 인류의 역사만큼이나 오래된 것입니다. 하지만 사랑이 경험이라고 한다면 그것은 언제나 새롭습니다. 우리는 하나님의 사랑을 매일 새롭게 경험하기 때문입니다.

본문에서는 그렇게 새로운 사랑을 예수님의 친구로 삼아 주시는 사랑이라고 표현합니다. 교회는 예수님의 친구입니다.

교회는 예수님의 대속적 사랑이 낳은 예수님의 친구이다. (친구의 의미)

예수님의 친구가 된다는 것은 어떤 의미일까요? 15절에서 예수님은 "이제부터는 너희를 종이라 하지 아니하리니 종은 주인이 하는 것을 알지 못함이라 너희를 친구라 하였노니"라고 말씀하십니다. 여기에서 종과 친구의 대조가 발견됩니다. 어떤 사람들은 이 말씀을 그리스와

---

2 D. A. 카슨, 『예수님의 고별설교: 요한복음 14-17장 강해』, 김춘섭 옮김(서울: 크리스챤서적, 1991), 142에서 재인용.

로마 문화의 관점에서 이해하려 하기도 합니다. 하지만 이 말씀은 일차적으로 구약적 맥락에서 이해해야 합니다.

구약성경은 종에 대해 자주 언급합니다. 구약성경은 노예제도를 반대하지 않습니다. 하지만 구약성경에 나오는 노예제도는 아주 끔찍한 인종차별과는 거리가 멉니다. 구약성경에서 노예는 대체로 히브리 동족들이었습니다. 히브리인들이 경제생활을 하다 보면 가난해져서 도무지 경제생활을 영위하기 힘든 자들도 생겼습니다. 그들은 다른 히브리 사람에게 들어가서 종노릇했습니다.

그런데 신명기 15장 12-18절에 보면, 아주 독특한 말씀이 나옵니다. 이 본문에서 히브리 종들은 6년을 섬기면 해방된다고 합니다. 하지만 그들이 주인을 사랑하여 남고자 하면 귀를 뚫고 계속 살도록 했습니다. 신명기 15장 16-17절을 보십시오.

> 종이 만일 너와 네 집을 사랑하므로 너와 동거하기를 좋게 여겨 네게 향하여 내가 주인을 떠나지 아니하겠노라 하거든 송곳을 가져다가 그의 귀를 문에 대고 뚫으라 그리하면 그가 영구히 네 종이 되리라 네 여종에게도 그같이 할지니라 (신 15:16-17)[3]

---

3 유사한 본문이라 할 수 있는 출 21:1-6에서는 종이 상전과 특히 '자기 가족들'을 사랑해서 일곱째 해가 되어도 자유자가 되지 않겠다고 한 점이 강조되어 있다. (출 21:1-6) 네가 백성 앞에 세울 법규는 이러하니라 네가 히브리 종을 사면 그는 여섯 해 동안 섬길 것이요 일곱째 해에는 몸값을 물지 않고 나가 자유인이 될 것이며 만일 그가 단신으로 왔으면 단신으로 나갈 것이요

이렇게 귀가 뚫린 종들은 주인과 계속 함께 살았습니다. 그들은 종들이라도 주인과 아주 특별한 관계를 갖게 되는 것입니다. 아브라함에게는 그런 종이 있었습니다.

아브람이 이르되 주 여호와여 무엇을 내게 주시려 하나이까 나는 자식이 없사오니 나의 상속자는 이 다메섹 사람 엘리에셀이니이다(창 15:2)

이것은 아브라함이 엘리에셀을 양자처럼 생각했다는 뜻입니다.[4] 창세기 24장에서 아브라함이 늙은 종에게 이삭을 위한 배필을 찾아오라고 합니다. 그 종은 "자기 집 모든 소유를 맡은 늙은 종"이라고 표현되어 있습니다. 어떤 학자는 이 늙은 종을 엘리에셀로 보기도 합니다.[5] 그가 엘리에셀인지 아닌지는 불분명하지만, 아브라함이 자기 아

장가 들었으면 그의 아내도 그와 함께 나가려니와 만일 상전이 그에게 아내를 주어 그의 아내가 아들이나 딸을 낳았으면 그의 아내와 그의 자식들은 상전에게 속할 것이요 그는 단신으로 나갈 것이로되 만일 종이 분명히 말하기를 내가 상전과 내 처자를 사랑하니 나가서 자유인이 되지 않겠노라 하면 상전이 그를 데리고 재판장에게로 갈 것이요 또 그를 문이나 문설주 앞으로 데리고 가서 그것에다가 송곳으로 그의 귀를 뚫을 것이라 그는 종신토록 그 상전을 섬기리라

4 기동연, 『아브라함아! 너는 내 앞에 행하여 완전하라』(서울: 생명의양식, 2013), 131: "이것은 엘리에셀이 이미 상속자로 확정된 것이 아니라, 곧 상속자가 된다는 것이다." 하지만 하나님은 엘리에셀이 상속자가 되는 것을 막으셨다.

5 Nahum M. Sarna, *Genesis* (Jerusalem: Jewish Publication Society, 1989), 162; Bruce K. Waltke, *Genesis* (Grand Rapids: Zondervan, 2001), 327. 기동연, 『아브라함아! 너는 내 앞에 행하여 완전하

들의 배필을 구해오라고 할 정도로 그 늙은 종을 신뢰했습니다. 이처럼 구약시대에는 종이지만 주인과 아주 특별한 관계에 있는 사람들이 있었습니다.

창세기 18장 17절에 보면, 하나님은 소돔과 고모라를 멸망시키기 전에 "여호와께서 이르시되 내가 하려는 것을 아브라함에게 숨기겠느냐"라고 하십니다. 그리고 아브라함의 간청에 귀를 기울이십니다. 이사야 41장 8절에 보면, 하나님은 아브라함을 "나의 벗"이라고 부르십니다.[6] 모세도 마찬가지입니다. 출애굽기 33장 11절에는 "사람이 자기의 친구와 이야기함 같이 여호와께서는 모세와 대면하여 말씀하시며"라고 말씀합니다. 이처럼 구약성경에서 하나님의 친구라고 불린 이들이 있었습니다.

그런데 하나님의 친구가 되는 것은 사람 편에서 할 수 있는 일이 아니라, 하나님 편에서 해 주셔야 가능한 일입니다. 이것은 언약의 원리와 동일합니다. 칼뱅은 이렇게 말했습니다.

라』, 426에서 재인용.

6   (사 41:8) 그러나 나의 종 너 이스라엘아 내가 택한 야곱아 나의 벗 아브라함의 자손아... 버나드 앤더슨은 아브라함의 믿음에 대해, "첫째, 그의 믿음은 순종하는 믿음이었고 둘째, 결단하는 믿음이었으며 셋째는 하나님께 충언을 드리는 믿음이었다고 정리한다." Bernhard W. Anderson, "Abraham, the Friend of God", *Interpretation*, 42/4 Oct (1988), 353-66. 이정화, 「요한복음 15:12-17에 나타난 '예수의 친구'개념 연구」, 신학석사논문(국제신학대학원대학교, 2017), 33에서 재인용.

"인간이 하나님께 언약을 맺자고 먼저 나선 것이 아닙니다. 오히려 하나님께서 인자하심으로 먼저 일을 시작하셨습니다. 우리는 하나님께 낯선 자이기 때문에 하나님과 친해질 자격이 전혀 없습니다. 하지만 하나님은 황송하게도 친히 자신을 우리와 연결시키십니다."7

아브라함이 갈대아 우르에서 우상숭배 하고 있을 때 하나님께서 일방적으로 그를 부르셨고 언약을 맺으셨습니다. 모세가 광야에서 장인 이드로의 양을 치고 있을 때 하나님은 일방적으로 그를 부르셨습니다. 하나님은 그들을 친구로 삼기 위해 스스로를 낮추셨습니다. 아브라함과 언약을 맺으실 때 하나님은 친히 쪼갠 고기 사이로 지나가셨습니다.8 모세와 언약을 맺으실 때에도 유월절 어린양의 피를 보여주셨습니다.9 하나님께서 스스로 언약의 보증이 되신 것입니다. 오늘 본문 13-14절에서 예수님께서 말씀하신 바가 바로 그것입니다.

사람이 친구를 위하여 자기 목숨을 버리면 이보다 더 큰 사랑이 없나니 너희는 내가 명하는 대로 행하면 곧 나의 친구라(요 15:13-14)

---

7   칼빈, 『신명기 강해 2』, 곽홍석 옮김(서로사랑, 2010), 165, 167, 168(부분적으로 의역함).

8   (창 15:17) 해가 져서 어두울 때에 연기 나는 화로가 보이며 타는 횃불이 쪼갠 고기 사이로 지나더라.

9   (출 12:21) 모세가 이스라엘 모든 장로를 불러서 그들에게 이르되 너희는 나가서 너희의 가족대로 어린 양을 택하여 유월절 양으로 잡고

예수님께서는 먼저 우리를 불러주셨고, 우리를 위해 대속적 희생을 당하심으로써 우리를 친구 삼아 주셨습니다. 우리의 친구가 되어 주시기 위해 예수님은 스스로를 낮추셨습니다. 그리스도의 우정은 절대 불변하는 우정입니다. 그래서 우리는 예수님의 친구가 되었지만 주님과 대등한 관계가 되는 우정이 아님을 기억해야 합니다.[10] 우리는 예수님의 친구가 되었기에 예수님의 명령을 행해야 합니다.

어떤 사람은 예수님께서 "너희는 내가 명하는 대로 행하면 곧 나의 친구라(요 15:14)"고 하셨으니 조건적인 사랑이 아니냐고 반문할 것입니다. 하지만 전혀 그렇지 않습니다. 이 말씀은 예수님의 십자가 사랑으로 말미암아 우리가 이미 친구가 되었으니, 친구답게 행할 수 있는 권리가 주어졌다고 이해해야 합니다. 순종을 통해서 예수님의 친구가 되는 것이 아니라, 예수님의 친구가 된 사람의 인격이 순종의 행위로 나타나는 것입니다.[11] 교회는 예수님의 대속적 사랑과 희생을 통하여 예수님의 친구가 된 사람들입니다.

---

10 카슨, 『요한복음(PNTC)』, 969과 카슨, 『예수님의 고별설교: 요한복음 14-17장 강해』, 146-47에서 강조함.

11 카슨, 『요한복음(PNTC)』, 969.

교회는 하나님의 비밀을 아는 예수님의 친구입니다. (친구의 유익)

두 번째로, 교회가 예수님의 친구가 됨으로 인하여 얻는 유익은 무엇입니까? 그 유익이 15절에 나와 있습니다.

> 이제부터는 너희를 종이라 하지 아니하리니 종은 주인이 하는 것을 알지 못함이라 너희를 친구라 하였노니 내가 내 아버지께 들은 것을 다 너희에게 알게 하였음이라(요 15:15)

종과 친구의 차이는 분명합니다. 종은 주인에게 무엇을 행하라는 명령을 받기만 할 뿐입니다. 반면에 친구는 그의 은밀한 것들에 대해서 듣고 그의 마음을 온전히 이해한 가운데 그의 명령에 순종하기 때문에, 그 순종을 특권으로 여깁니다.[12]

한 마디로 말해 예수님께서 생각하시는 종과 친구 사이의 차이는 불복종과 복종이 아니라 불완전한 이해와 온전한 이해 간의 차이입니다.[13] 예수님께서 우리들에게 명령을 내리실 수 있는 절대적인 권리는 전혀 줄어들지 않습니다. 하지만 예수님은 우리를 친구로 삼아 주셔

---

12 카슨, 『요한복음(PNTC)』, 969-70.

13 카슨, 『예수님의 고별설교: 요한복음 14-17장 강해』, 148.

서 예수님의 계획과 목적들을 아낌없이 알려 주십니다.[14]

예수님의 말씀은 구약시대 성도들과 신약시대 성도들의 차이를 보여줍니다. 구약시대 성도들은 하나님의 일들을 어렴풋이 알았습니다. 몇몇 사람만이 특별히 하나님의 친구로서 하나님의 깊은 속마음을 알았지만, 모든 구약의 성도들이 그런 특권을 누린 것은 아니었습니다. 그러나 신약시대 모든 성도들은 하나님의 계시를 밝히 알게 되었습니다.

제가 박사과정에서 처음에 작성해 갔던 논문계획서를 교수님들이 많이 수정하셨습니다. 처음에는 속이 상했지만 수정을 거듭하며 논문을 작성해 나갔습니다. 그렇게 논문을 쓰면 쓸수록 결국 교수님의 지도가 옳았다는 것을 깨닫게 되었습니다. 주님의 말씀이 처음에는 잘 이해가 안 될 수 있습니다. 하지만 그 말씀을 지키다보면, 주님의 속마음을 알게 되고, 순종하기를 참 잘 했다는 생각이 들게 됩니다.

가정에서도 마찬가지입니다. 아빠들이 자녀들과 시간을 보내는 것은 정말 쉽지 않습니다. 늘 과중한 업무에 시달리기 때문입니다. 2015년 10월에 나온 통계에 따르면, 우리나라 아빠들이 자녀들과 보내는 시간은 하루 평균 6분이라고 합니다. 이것은 OECD 국가들의 평

---

14 카슨, 『요한복음(PNTC)』, 970.

균 1/8정도 밖에 되지 않습니다.[15]

　우리 시대의 대표적 지성으로 꼽히는 이어령 전 문화부 장관도 그랬다고 합니다. 그는 늘 분주했습니다. 책을 쓰고 글을 읽느라 가족을 챙기지 못했습니다. 남편의 일에 방해가 될까 봐 아내는 아이를 업고 엄동설한에 골목을 서성였습니다. 이어령 씨는 명성을 얻은 후에도 항상 글을 썼고 책만 읽었습니다. 동시대를 사는 많은 이들에게 고언을 들려주었습니다. 하지만 그사이 가족이 겪어야 했을 고통은 헤아리지 못하였습니다.

　그는 일에만 정신이 팔린 아버지였습니다. 어린 딸이 잠자리에 들 때 그 흔한 굿 나잇 키스조차 하지 않았습니다. 세월이 흘렀습니다. 암에 걸린 딸은 아버지보다 일찍 세상을 등지게 됩니다. 홀로 남은 아버지는 지난날을 자책하고 눈물을 참아가며 딸에게 우편번호 없는 편지를 보냅니다. 『딸에게 보내는 굿 나잇 키스』라는 책에서 이어령 씨는 이렇게 쓰고 있습니다.

　　"딱 한번이라도 좋다. 낡은 비디오테이프를 되감듯이 그때의 옛날로 돌아가자. 나는 펜을 내려놓고, 읽다 만 책장을 덮고, 두 팔을 활짝 편다. 너는 달려와 내 가슴에 안긴다. 내 키만큼 천장에 다다를 만큼 널 높이

15　연합뉴스(2015/10/19), https://goo.gl/wMsXnt "한국 아빠와 아이의 교감 시간은 하루 6분으로 OECD 국가 중 최단이며 OECD 평균(47분)과 차이가 크다." (2021.6.3. 접속)

들어 올리고 졸음이 온 너의 눈, 상기된 너의 뺨 위에 굿 나잇 키스를 하는 거다."16

이렇게 글을 쓰지만 뒤늦게 후회하는 아버지의 마음이 느껴집니다.

하나님의 말씀에 순종하는 길은 어렵습니다. 하지만 순종해 보면 그 길이 옳다는 것을 압니다. 여러분은 하나님의 명령을 들을 때 영문도 모르고 억지로 순종하십니까, 아니면 정말 하나님의 속 깊은 마음을 알고 기꺼이 순종하십니까? 성숙한 성도일수록 하나님의 속마음을 헤아릴 줄 압니다. 그런 사람들은 하나님 나라가 어떤 방향으로 나아가고 있는지 알기 때문에, 언제나 적극적으로 예수님의 말씀에 순종합니다.

새벽 기도회에 가서 기도를 할 때면, 저는 때때로 예수님께서 '오늘은 너를 위한 기도가 아니라, 내 마음을 헤아려 주는 기도를 좀 해 줄 수 없겠니?'라고 부탁하시는 듯한 느낌이 들 때가 있습니다. 그럴 때 저는 주기도문의 가장 처음 세 가지 간구로 기도하곤 합니다.

성경을 열심히 공부하는 것이 중요한 이유가 여기에 있습니다. 성경을 열심히 공부하면 하나님의 속 깊은 마음을 더 잘 알게 됩니다. 그런 사람들은 누가 시키지 않아도 열심히 순종하게 됩니다. 여러분도

---

16 이기주, 『언어의 온도』, 152-53에서 수정해서 재인용.

이와 같이 하나님의 속 깊은 마음을 이해하는 하나님의 친구, 하나님의 교회가 되시기를 바랍니다.

교회는 사랑과 기도의 열매를 맺는 예수님의 친구이다. (친구의 의무)

세 번째로, 예수님의 친구로서 교회가 해야 할 의무가 무엇인지 생각해 보겠습니다. 16절과 17절을 함께 보겠습니다.

> 너희가 나를 택한 것이 아니요 내가 너희를 택하여 세웠나니 이는 너희로 가서 열매를 맺게 하고 또 너희 열매가 항상 있게 하여 내 이름으로 아버지께 무엇을 구하든지 다 받게 하려 함이라 내가 이것을 너희에게 명함은 너희로 서로 사랑하게 하려 함이라 (요 15:16-17)

16절에는 예수님의 택하심이 나옵니다. 예정과 선택에 대해서 제일 많이 언급하는 책은 아마도 요한복음일 것입니다. 칼뱅도 『기독교강요』에서 예정론을 다룰 때 요한복음을 자주 인용하는 것을 볼 수 있습니다.

그런데 예수님의 택하심은 분명한 목표가 있습니다. 그것을 주님은 "열매를 맺는 삶(16절)"이라고 표현합니다. 그 열매가 구체적으로 무엇입니까? "내 이름으로 아버지께 무엇을 구하든지 다 받는" 것입니다. 이것은 기도의 열매입니다.

예수님의 친구가 해야 할 중요한 의무는 기도하는 것입니다. 언젠가 제가 대학시절 다니던 교회 선배를 만난 적이 있습니다. 제가 그 형에게 그리스도인의 직장생활에서 가장 중요한 일을 물었더니 "기도하는 것"이라고 대답했습니다. 정말 맞는 말입니다. 오늘날 직장환경에서는 예수 믿는 사람을 찾아보기 어렵습니다. 우리가 기도하지 않으면 그 사람을 위해 기도해 줄 사람은 거의 없다고 봐도 될 정도입니다.

예수님의 친구인 교회는 늘 깨어서 기도합니다. 우리는 예수님의 친구로서 기도해야 합니다. 이는 예수님의 뜻에 합당한 것을 구하기 위해, 예수님의 영광을 위해 기도하는 것을 말합니다.[17]

17절에는 예수님의 친구가 된 교회의 또 다른 의무가 나옵니다. 그것은 서로 사랑하는 일입니다. 이 말씀은 이미 12절에서 하셨습니다. 예수님은 같은 내용을 반복함으로써 전체 내용을 하나로 묶어 가르침을 베푸셨습니다. 12절을 보겠습니다.

내 계명은 곧 내가 너희를 사랑한 것 같이 너희도 서로 사랑하라 하는 이것이니라(요 15:12)

---

17 카슨, 『예수님의 고별설교: 요한복음 14-17장 강해』, 152: "예수님의 이름으로 드리는 기도는 최소한 다음과 같은 것이다. (1) 그 이름이 뜻하는 모든 것과 일치하는 기도. (2) 하나님의 영광을 구하는 기도(참조. 15:8). (3) 그리스도의 주권(Lordship)을 의식하고 드리는 기도."

주님의 명령은 십자가의 사랑으로 우리가 서로를 사랑하라는 것입니다. 저는 특히 "내가 너희를 사랑한 것 같이 너희도 서로 사랑하라."는 말씀이 무게감 있게 다가왔습니다. 예수님께서 우리를 어떻게 사랑하셨습니까? 목숨을 다해 사랑하셨습니다. 그런 사랑으로 사랑하는 것은 정말 어려운 일입니다. 이런 익살스런 시가 있습니다.

> 그대가 사랑하는 자들과 함께 저 하늘에서 사는 것
> 썩지 않은 영광!
> 그대가 아는 자들과 함께 이 땅에서 사는 것
> 전혀 다른 얘기.[18]

우리가 천국에서 영화 상태의 성도들과 함께 사는 것은 너무나 즐거운 일일 것입니다. 하지만 이 땅에서 우리 곁에 있는 사람들을 십자가의 사랑으로 사랑하는 일은 전혀 다른 이야기입니다. 심지어 사랑하는 부부 사이에도 그런 사랑은 어렵습니다. 제가 참석했던 어떤 결혼식에서 주례 목사님이 이런 말씀을 하셨습니다. 신혼여행은 한 사람은 '신'이 나고, 한 사람은 '혼'이 나기 때문에 신혼여행이라고 말입니다. 너무나 사랑해서 결혼한 신혼부부조차도 서로를 희생적으로 사랑하는 것은 쉽지 않습니다.

---

18 카슨, 『예수님의 고별설교: 요한복음 14-17장 강해』, 143에서 재인용.

그러나 이때 우리는 예수님께서 우리를 친구로 선택해 주신 사실을 기억해야 합니다. 우리가 주님의 선택을 받은 것은 우리가 더 지혜롭거나 잘나서가 아닙니다. 다만 주님께서 우리를 사랑하셨기 때문에 선택 받은 것입니다.[19] 우리가 우리의 이웃을 사랑하는 이유도 우리를 친구 삼아 주신 예수님께서 명령하신 것이기 때문입니다.

예수님께서 제자들을 모으시고 돌보시듯이, 신자들 역시 같은 방식으로 서로를 돌보아야 합니다. 예수님의 친구가 될 뿐만 아니라 서로의 친구가 되고 심지어 친구를 위해 죽기까지 사랑함으로 하나님을 영화롭게 해야 합니다(요 15:13-17).[20]

예수님의 친구의 의무는 기도와 사랑입니다. 그런데 이 두 가지는 서로 엮여 있습니다. 성도의 사랑은 서로를 향한 기도로 표현되며, 서로를 위해 기도하는 공동체는 사랑의 열매가 더욱 풍성하게 나타나기 때문입니다.[21]

그렇게 서로를 위해 기도하고 사랑하는 공동체는 세상을 향한 전도와 섬김까지 나아가게 됩니다. 많은 주석가들은 본문에서 일차적으

---

19 카슨, 『요한복음(PNTC)』, 970.

20 판 더 바트, 『요한문헌 개론』, 118.

21 카슨, 『예수님의 고별설교: 요한복음 14-17장 강해』, 155.

로 염두에 두고 있는 열매를 전도와 선교라고 설명합니다.[22] D. A. 카
슨은 "그리스도인들이 맺는 열매의 성격이 아무리 포괄적인 것이라고
할지라도 그 중심적인 초점은 진정으로 복음 전도와 선교에 있다."고
말했습니다.[23]

   건전한 우정의 특징은 폐쇄적이지 않고 더 많은 교제를 향해 열려
있다는 데 있습니다. 교회는 교회 바깥사람들을 위해 존재합니다. 삼
위일체 하나님과 교제를 누리는 사람들은 다른 사람들을 거기로 이
끌고자 하는 움직임을 필연적으로 지닐 수밖에 없습니다.[24] 하나님의
사랑이 그것을 요구하기 때문입니다.

예수님을 사랑하기 때문에...

2017년 11월에 저희 자녀들의 학예회가 있었습니다. 마침 저는 오전
에 강의가 없었기에 부모님과 함께 참석했습니다. 아들은 피아노곡을
잘 연주했습니다. 딸은 두 달씩이나 댄스 연습을 했는데, 댄스곡은 걸

---

22 카슨, 『요한복음(PNTC)』, 971.

23 카슨, 『요한복음(PNTC)』, 971.

24 카슨, 『요한복음(PNTC)』, 971.

그룹 트와이스의 "시그널"이었습니다.

저는 딸이 댄스를 열심히 추는 것을 보고, 대단하다고 생각했습니다. 그런데 댄스곡이 끝나자 담임 선생님은 그 자리에 있는 아빠들이 나와서 "시그널" 춤을 추면 아이에게 칭찬표 5개를 준다고 했습니다. 저는 선생님의 말이 끝나기도 전에 슬슬 뒷문으로 도망치고 있었습니다. 그런데 우리 딸이 복도로 달려오더니 "아빠, 아빠가 춤을 춰야 내가 칭찬표를 받아."라면서 팔을 잡고 놔주지 않았습니다. 저는 악몽을 꾸듯이 "안 돼! 이건 아니야!"라고 외치면서도 어쩔 수 없이 끌려가서 교실 앞에, 다른 아빠 두 명과 서게 되었습니다.

부끄러워서 마스크를 하고 있었는데, 어머니께서 마스크를 벗으라고 시그널을 보내셨습니다. 착하고 순종적인 아들인 저는 마스크를 벗고 민낯으로 딸을 따라 "시그널" 춤을 추기 시작했습니다. 너무 부끄러워서 연신 이마의 땀을 닦으며 춤을 추는 저를 보면서 학부모들은 박수를 치며 좋아했습니다. 이 놀랍고 재미있는 광경을 놓칠세라 아버지는 핸드폰으로 시작부터 촬영을 하고 계셨습니다. 야속한 담임 선생님은 1절만 하고 끝내지 않고 2절 끝까지 음악을 틀었습니다.

'목사이자 신학교수인 내가 지금 여기서 뭘 하고 있나?'라고 생각하면서도 저는 계속해서 "사인을 보내~♪ 시그널 보내~♬"라는 가사에 맞춰 춤을 추고 있었습니다. 제가 그랬던 것은 제 딸을 사랑했기 때문입니다.

우리가 거룩한 삶을 사는 이유는 다름이 아니라 그리스도께서 우리를 사랑하시고, 우리 또한 그리스도를 사랑하기 때문입니다. 말씀대로 하면 손해 보는 일도, 자존심 상하는 일도, 억울한 일도 오직 그리스도를 사랑하기 때문에 감내합니다. 그리스도께서 우리를 친구 삼아 주셨기 때문입니다.

세상을 살아가면서 주님의 말씀대로 사는 것이 너무나 힘들다고 느낄 때 우리는 예수님의 사랑을 기억해야 합니다. 나를 위해 죽으신 십자가의 그리스도를 기억할 때, 내가 지는 십자가는 오히려 가볍게 느껴질 것입니다. 우리가 성화의 삶에서 실패하여 넘어져 자신에게 실망할 때 기억해야 할 것은 예수님의 사랑입니다. 그때 우리는 자신의 모든 경험과는 달리 그리스도께서 '너는 괜찮아. 너는 여전히 내 친구야.'라고 말씀하시는 것을 듣게 됩니다. 거기서부터 다시 시작하는 것입니다.

아우구스티누스는 사람 때문에 사람을 사랑하지 말고, 예수님 때문에 사람을 사랑하라는 말을 남겼습니다. 우리는 예수님을 사랑하고, 예수님 안에서 이웃을 사랑하고, 예수님 때문에 원수도 사랑해야 합니다. 우리는 사람을 가려가며 사랑해서는 안 됩니다. 사람 때문이 아니라 예수님 때문에 사람을 사랑하는 존재가 되었기에, 그 사랑으로 사랑하며 살아가는 예수님의 친구, 교회가 되시기를 바랍니다. 아멘.

이스라엘의 장로와
새 언약의 장로

(사도행전 4:1-5, 15:1-6)

이스라엘의 장로와 새 언약의 장로

1. 사도들이 백성에게 말할 때에 제사장들과 성전 맡은 자와 사두 개인들이 이르러
2. 예수 안에 죽은 자의 부활이 있다고 백성을 가르치고 전함을 싫어하여
3. 그들을 잡으매 날이 이미 저물었으므로 이튿날까지 가두었으나
4. 말씀을 들은 사람 중에 믿는 자가 많으니 남자의 수가 약 오천이나 되었더라
5. 이튿날 관리들과 장로들과 서기관들이 예루살렘에 모였는데

(사도행전 4:1-5)

1. 어떤 사람들이 유대로부터 내려와서 형제들을 가르치되 너희가 모세의 법대로 할례를 받지 아니하면 능히 구원을 받지 못하리라 하니

2. 바울 및 바나바와 그들 사이에 적지 아니한 다툼과 변론이 일어난지라 형제들이 이 문제에 대하여 바울과 바나바와 및 그 중의 몇 사람을 예루살렘에 있는 사도와 장로들에게 보내기로 작정하니라

3. 그들이 교회의 전송을 받고 베니게와 사마리아로 다니며 이방인들이 주께 돌아온 일을 말하여 형제들을 다 크게 기쁘게 하더라

4. 예루살렘에 이르러 교회와 사도와 장로들에게 영접을 받고 하나님이 자기들과 함께 계셔 행하신 모든 일을 말하매

5. 바리새파 중에 어떤 믿는 사람들이 일어나 말하되 이방인에게 할례를 행하고 모세의 율법을 지키라 명하는 것이 마땅하다 하니라

6. 사도와 장로들이 이 일을 의논하러 모여

(사도행전 15:1-6)

성경이 사용하는 교회에 대한 비유들

성경에는 처음부터 끝까지 하나님의 사역이 나옵니다. 창조부터 시작해서 종말의 심판과 새로운 창조에 이르기까지 모든 것이 하나님의 사역입니다. 하지만 그 모든 사역은 사실상 하나님의 백성을 위한 사역입니다. 이렇게 보면 성경은 처음부터 끝까지 하나님의 백성인 교회에 대한 이야기라고도 할 수 있습니다.

실제로 성경 전체에서 교회는 스무 개가 넘는 비유와 상징을 통해 매우 강조되고 있습니다. 교회는 하나님의 백성(출 6:7, 히 4:9, 계 21:3), 하나님의 자녀(눅 20:36, 롬 8:16, 8:21, 요일 3:1-2), 하나님의 양떼(시 80:1, 렘 31:10, 겔 34:2, 요 10:11, 14), 하나님의 밭(고전 3:9), 하나님의 집(고전 3:9; 딤전 3:15; 히 3:2, 3:6, 10:21), 하나님의 가족(요 1:12-13, 요일 3:9), 하나님의 성전(고전 3:16), 하나님의 이스라엘(갈 6:16), 하나님의 눈동자(신 32:10, 슥 2:8), 하나님께서 만드신 작품(엡 2:10), 하나님의 분깃과 기업(신 32:9), 하나님의 특별한 소유(출 19:5), 그리스도의 신부(요 3:29, 계 21:9), 그리스도의 몸(롬 12:5, 고전 12:27, 엡 1:23), 선한 목자의 양떼(벧전 5:2; 요 10:21), 성령님 안에서 하나님의 거하실 처소(엡 2:22), 성령님의 전(고전 6:19), 진리의 기둥과 터(딤전 3:15), 만물을 충만케 하시는 자의 충만(엡 1:23), 하나의 새로운 사람(골 3:10),

거룩한 성 새 예루살렘(계 21:2, 10)입니다.[1]

놀라운 것은 구약성경에서 이스라엘 백성을 지칭하기 위해 사용된 단어들이 신약성경에서는 예수님을 믿는 자들에게 적용된다는 사실입니다. 그 중 하나가 "하나님의 이스라엘"이라는 표현입니다(갈 6:16). 구약시대 이스라엘 백성들을 향해 있던 하나님의 경륜이 신약시대에는 그리스도 안에서 교회를 향해 있습니다. 직분도 마찬가지입니다. 장로라는 직분은 구약시대에도 있었지만 신약시대에 와서 그 직분이 완성됩니다. 오늘 사도행전 본문에서는 구약시대 장로직과 신약시대 장로직의 유사점과 차이점에 대해 잘 가르쳐줍니다.

이스라엘의 장로와 그들의 역할

신약성경에서 장로라는 단어가 가장 많이 나오는 성경은 사도행전입니다. 무려 18번이나 나옵니다. 그 다음은 마태복음과 요한계시록으로, 12번 나옵니다.[2]

복음서의 경우 누가복음을 주목할 필요가 있습니다. 왜냐하면 누

---

1 헤르만 바빙크, 『개혁교의학』, 박태현 옮김(서울: 부흥과개혁사, 2011), 352(#49).

2 〈로고스 바이블 소프트웨어〉로 조사한 통계이다.

가복음과 사도행전은 누가 한 사람이 저술했기 때문입니다.

누가복음에는 "장로"라는 단어가 총 4번 나옵니다.[3] 이 중에서 어떤 구절은 예수님에 대해 호의적인 장로들도 나옵니다. 예를 들어 누가복음 7장 3절에는, 어떤 백부장의 사랑하는 종이 병들어 죽게 되었을 때 유대인의 장로 몇 사람을 예수께 보내어 그 종을 구해주시도록 청한 일이 기록되어 있습니다.

그러나 대부분의 경우, 이스라엘의 장로들은 예수님에 대해 적대적인 것으로 묘사됩니다. 예수님은 누가복음 9장 22절에서 "인자가 많은 고난을 받고 장로들과 대제사장들과 서기관들에게 버린 바 되어 죽임을 당하고 제삼일에 살아나야 하리라."라고 예언하셨습니다. 그리고 그 일은 누가복음 22장 52절에서 실제로 이루어졌습니다. 예수님은 자신을 잡으러 온 대제사장들과 성전의 경비대장들과 장로들에게 "너희가 강도를 잡는 것 같이 검과 몽치를 가지고 나왔느냐"라고 물으셨습니다. 누가복음 22장 66절에는 "날이 새매 백성의 장로들 곧 대제사장들과 서기관들이 모여서 예수를 그 공회로 끌어들여"라는 말씀이 나옵니다. 여기에는 "백성의 장로들"과 "대제사장들과 서기관

---

3 한글 성경으로 보면 눅 22:66에도 "장로들"이란 말이 나오지만, 원문은 "프레스뷔테리온"으로 나와 있으며 장로단 즉, 산헤드린 공의회를 뜻한다. 한편, 〈로고스 바이블 소프트웨어〉에서는 눅 15:25에도 "프레스뷔테로스"가 나온다고 하지만, 거기서는 예수님의 비유에 나오는 "큰 아들"을 가리킨다. 어휘의 모양은 같은데, 뜻이 전혀 다른 경우이다.

들"이 같은 말인 것처럼 표현되어 있습니다. 하지만 헬라어 원문을 고려해 볼 때, "백성의 장로들"은 "백성의 장로단"으로 번역하는 것이 낫습니다. 여기서 장로단은 "산헤드린 공의회"와 같은 의미입니다.[4]

왜 장로들이 예수님을 재판하고 죽이는 일에 앞장서게 되었을까요? 그 힌트가 누가복음 20장 1-2절에 나옵니다.

> 하루는 예수께서 성전에서 백성을 가르치시며 복음을 전하실새 대제사장들과 서기관들이 장로들과 함께 가까이 와서 말하여 이르되 당신이 무슨 권위로 이런 일을 하는지 이 권위를 준 이가 누구인지 우리에게 말하라(눅 20:1-2)

대제사장이나 서기관들과 마찬가지로 구약 시대 이스라엘의 장로들은 어떤 사람이 하나님에 대해 가르치면 그 가르침이 올바른지 살펴봐야 할 책무가 있었습니다.

이스라엘에서 장로는 시민적 권세와 종교적 권세를 함께 갖고 있었습니다.[5] 이스라엘의 장로들은 이스라엘 백성들의 시민적 삶을 지도

---

4 William Arndt et al., *A Greek-English Lexicon of the New Testament and Other Early Christian Literature* (Chicago: University of Chicago Press, 2000), 861: "the highest Judean council in Jerusalem."

5 그레고리 빌, 『신약성경신학』, 김귀탁 옮김(서울: 부흥과개혁사, 2013), 829. 자세한 설명은 코넬리스 반 담, 『성경에서 가르치는 장로』, 김헌수, 양태진 옮김(서울: 성약출판사, 2012), 제 2부를 보라.

하고 재판하는 일을 맡은 사람들이었습니다. 장로들은 백성의 대표자이자 통치자였습니다.[6] 족장 단위로 지낼 때는 장로의 역할이 필요 없었으나, 각 지파가 번성하면서 장로의 역할이 점점 증대되었습니다.[7] 모세가 바로에게 가서 이스라엘로 하여금 광야에 나가 제사를 드리도록 허락하라는 하나님의 명령을 전했을 때 대동했던 사람들도, 이스라엘의 장로들이었습니다(출 3:16-18).

구약의 장로들은 정치적인 면과 영적인 면에서 지도력을 발휘하였습니다.[8] 이 두 직무에서 그들은 보조자 역할을 했습니다.[9] 정치적인 면에서 보자면, 모세 시대에 칠십 인의 장로는 백성들의 대표자로서 모세를 도와야 했습니다. 나중에는 사사나 왕들을 도우면서 하나님의 말씀에 따라 조언하는 역할을 했습니다(민 11:17; 삿 2:7; 대하 28:12-14; 왕상 20:7-8).[10] 영적인 면에서도 마찬가지였습니다. 율법을 가르치는 의무는 일차적으로는 제사장들에게 있었습니다(레 10:11; 신 33:10; 말 2:6-9). 하지만 장로들이 보조자로서 제사장들과 함께 가르치는 직무에 동참했

---

6 반 담, 『성경에서 가르치는 장로』, 72.

7 반 담, 『성경에서 가르치는 장로』, 72.

8 반 담, 『성경에서 가르치는 장로』, 97.

9 이것은 반 담이 정확하게 말해 주지 않는 부분인데, 내가 덧붙였다.

10 반 담, 『성경에서 가르치는 장로』, 99.

습니다(신 17:8-13; 대하 19:8-11; 애 1:19; 4: 16 참조).[11]

장로들이 수행하던 재판도 역시 중요한 일이었습니다. 가족의 울타리 안에서 해결할 수 없는 문제들을 그 지역 장로들이 해결해 주어야 했습니다(신 21:18-21 참조). 지방의 장로들은 보통 성문(城門)에서 재판을 수행하였습니다(신 16:18, 21:19, 25:7; 암 5:15).[12] 지방의 재판장들이 해결하기 힘든 문제는 예루살렘 법정에서 다루었는데, 거기에는 제사장들과 레위인들이 함께 했습니다(신 17:8-9; 대하 19:8-11).[13] 물론 왕도 역시 공의를 유지하기 위해 재판에 중요한 역할을 담당했습니다(솔로몬과 두 창녀에 대한 재판; 왕상 3:16-28). 지방의 장로들은 중앙 법정의 판결을 따를 의무가 있었습니다(신 17:8-13).[14] 하지만 지방의 법정 체계가 가장 기초적인 것이었으며, 이는 이스라엘의 역사 내내 계속 운용되었던 것으로 보입니다.[15] 이처럼 하나님은 장로들을 통하여 자기의 재판을 시행하셨습니다.

신명기는 재판의 과정과 원칙과 세부 규정들을 자세하게 언급하

---

11 반 담, 『성경에서 가르치는 장로』, 99.

12 반 담, 『성경에서 가르치는 장로』, 121.

13 반 담, 『성경에서 가르치는 장로』, 121.

14 반 담, 『성경에서 가르치는 장로』, 125.

15 반 담, 『성경에서 가르치는 장로』, 151.

고 있습니다.[16] 재판을 맡은 장로는 하나님을 경외하는 자라야 했고, 율법을 잘 이해하고, 지혜로우며, 비난 받을 일이 없는 온전한 자라야 했습니다(출 18:21; 신 1:13).[17]

한 가지 더 기억해야 할 것은 장로들의 재판에 백성들이 함께 참여했다는 점입니다(출 18:21; 신 1:1, 13; 16:18). 첫째, 백성들은 법정이 부패해지지 않도록 정신을 차리고 공의를 지켜야 할 의무가 있었습니다(출 23:6-8; 신 16:19-20). 백성들은 재판에 증인이나 형을 집행할 때 성실하게 참여해야 했습니다(신 6:6-9). 둘째, 법정을 보호하기 위해 백성들은 율법을 잘 알아야 했습니다. 셋째, 백성들 가운데 장로 재판장이 선출되므로, 모든 백성들은 재판에 관심을 가질 필요가 있었습니다.

이처럼 장로는 지도자로서의 역할과 재판관으로서의 역할을 감당하는 사람이었습니다. 따라서 장로가 되기 위해서는 백성들의 존경을 받을 만한 신앙적 인품과 지혜, 율법에 대한 탁월한 지식이 필요했습니다.[18] 여기에 나이는 가장 중요한 요소는 아니었습니다. 구약성경에는 장로의 나이에 대한 규정이 나오지 않습니다. 나이보다 훨씬 더 중요한 것은 장로가 되기에 적합한 은사와 능력이 있는가 하는 것이었

---

16 반 담, 『성경에서 가르치는 장로』, 133.

17 반 담, 『성경에서 가르치는 장로』, 152.

18 반 담, 『성경에서 가르치는 장로』, 95 참조.

습니다. 가장 중요한 것은 지혜인데, 장로가 가져야 할 지혜는 매우 실제적인 지혜였습니다. 구약 성경에서 지혜는 언제나 실제 삶에서 하나님의 말씀을 잘 적용하는 지혜를 가리킵니다.[19] 모든 지혜의 근원은 하나님이십니다. 잠언 9장 10절에서는 "여호와를 경외하는 것이 지혜의 근본이요 거룩하신 자를 아는 것이 명철이니라."라고 말씀합니다.[20] 장로는 하나님을 경외하고, 하나님의 말씀을 늘 읽고 가르쳐야 했습니다.[21]

신약시대 이스라엘의 장로와 그들의 오류

사도행전 4장에는 이러한 구약시대 장로의 직무가 나타나 있습니다.[22]

---

19 맥락은 다르고 또한 기독교와 관련성이 있는 것도 아니지만, 아리스토텔레스도 역시 "실천지혜"를 강조하였다. 이것은 고대 사회에서 지혜가 단지 사변적인 지식이 아니라, 실생활과 연관되어 있음을 지시한다.

20 참조. 잠 1:7.

21 참조. 신 31:12; 32:7.

22 사도행전 주석으로는 아래의 주석들이 좋다. F. F. Bruce, *The Book of the Acts*, The New International Commentary on the New Testament (Grand Rapids, MI: Wm. B. Eerdmans Publishing Co., 1988); Darrell L. Bock, *Acts*, Baker Exegetical Commentary on the New Testament (Grand Rapids, MI: Baker Academic, 2007); Ben Witherington III, *The Acts of the Apostles: A Socio-Rhetorical Commentary* (Grand Rapids, MI: Wm. B. Eerdmans Publishing Co., 1998); I.

사도행전 3장을 보면 베드로와 요한이 나면서 못 걷게 된 사람을 성전 미문에서 고친 후, 베드로가 설교를 하게 됩니다. 이 설교로 남자만 무려 5천 명이 믿게 됩니다. 그러자 4장에서 제사장들과 성전 맡은 자와 사두개인들이 사도들을 옥에 가두었습니다. 그리고 이튿날 관리들과 장로들과 서기관들이 예루살렘에 모입니다. 사도들이 전하는 메시지를 검증하기 위해서였습니다.

앞에서 말한 바와 같이, 사도행전은 장로라는 말을 18번이나 사용하고 있습니다. 그 중에는 이스라엘의 장로들을 지칭하는 경우도 있고, 새롭게 태동한 기독교의 장로들을 지칭하는 경우도 있습니다. 이스라엘의 장로들을 지칭하면서 사도행전은 반복하여 이스라엘의 관리들과 장로들(4:5, 8), 제사장들과 장로들(4:23, 23:14, 25:15), 장로와 서기관들(6:12)을 언급합니다.[23]

사도행전 4장에서 장로들은 기독교 운동의 타당성을 판단하기 위하여 유대인 관리들과 서기관들과 함께 예루살렘에 모였습니다. 이것은 앞에서 인용했던 누가복음 22장 66절에 나온 산헤드린을 연상시

Marshall, *The Acts of the Apostles* (Sheffield: Sheffield Academic Press, 2003); John R. W. Stott, *The Message of Acts: The Spirit, the Church & the World*, The Bible Speaks Today (Leicester, England: Downers Grove, IL: InterVarsity Press, 1994); 황원하, 『사도행전』(서울: 대한예수교장로회총회출판국, 2019).

23 빌, 『신약성경신학』, 829.

킵니다. 산헤드린 공의회는 주로 71명으로 구성되었는데 그 구성원은 대제사장, 제사장, 사두개인, 바리새인 등이었고, 이들 가운데 상당수가 장로들이었습니다.[24] 하지만 로마의 통치 아래에 있었기 때문에 이들은 사형을 언도하지는 못했습니다. 재판관은 3명, 23명, 71명, 73명 등으로 다양하게 구성되었습니다. 그들은 제사장의 뜰의 남쪽에 있었던 절석실(切石室, Chamber of Hewn Stone)이라는 방에 모여서 재판했습니다.[25] 분명한 사실로 공회에서 선고 받은 자들은 회당에서 징계를 받았습니다.[26]

복음서에서 산헤드린 회원들이 모두 예수님을 죽이려 한 것은 그들이 예수님을 메시아로 알아보지 못한 것을 뜻합니다.[27] 동일한 일이

---

24 Witherington III, *The Acts of the Apostles*, 191-92에서는 예수님 시대에 사법적 기관으로서 산헤드린이 있었다는 주장을 허구로 보는 E. P. 샌더스에 반대하면서, 당시에 실제로 산헤드린이 있었다고 주장한다. 위더링턴은 자기 견해를 뒷받침하기 위해 Mason, "Chief Priests," pp. 175-76을 인용한다. 그러나 메이슨은 산헤드린이 사형집행권까지 있었다고 주장하는데, 위더링턴은 그렇게 볼 수 없으며 특히 예수님의 경우에는 더욱 그러하다고 주장한다(Ben Witherington III, 앞 책, 192n116).

25 Anthony J. Saldarini, "Sanhedrin," ed. David Noel Freedman, *The Anchor Yale Bible Dictionary* (New York: Doubleday, 1992), 5:978.

26 헨드릭슨, 『마가복음(하)』, 257-58에 기술된 징계 받는 과정과 바울과 예수님의 경우에 대한 자세한 설명을 보라.

27 William L. Lane, *The Gospel of Mark*, The New International Commentary on the New Testament (Grand Rapids, MI: Eerdmans, 1974), 302.

사도행전에서는 베드로의 설교를 거부한 행위로 나타납니다.

사도행전 4장 6절 이하에 보면 "대제사장 안나스[28]와 가야바와 요한과 알렉산더와 및 대제사장의 문중"이 다 모여서, 사도들을 가운데 세우고 이렇게 물었습니다.

너희가 무슨 권세와 누구의 이름으로 이 일을 행하였느냐(행 4:6)

그때 베드로는 8절 이하에서 이렇게 대답합니다.

이에 베드로가 성령이 충만하여 이르되 백성의 관리들과 장로들아 만일 병자에게 행한 착한 일에 대하여 이 사람이 어떻게 구원을 받았느냐고 오늘 우리에게 질문한다면 너희와 모든 이스라엘 백성들은 알라 너희가 십자가에 못 박고 하나님이 죽은 자 가운데서 살리신 나사렛 예수 그리스도의 이름으로 이 사람이 건강하게 되어 너희 앞에 섰느니라 이 예수는 너희 건축자들의 버린 돌로서 집 모퉁이의 머릿돌이 되었느니라 다른 이로써는 구원을 받을 수 없나니 천하 사람 중에 구원을 받을 만한 다른 이름을 우리에게 주신 일이 없음이라 하였더라(행 4:7-12)

---

28 안나스는 주후 15년까지 대제사장직을 맡았다가 폐위당했다. 그리고 그의 사위 가야바가 대제사장이 되었다. 하지만 유대인의 관례대로 안나스는 여전히 '대제사장'이라고 불리고 있었다. F. F. 브루스, 『사도행전(상)』, 이용복·장동민 옮김(아가페출판사, 1988), 123n259.

장로들을 포함한 공의회 회원들은 베드로와 요한의 말을 듣고, 서로 의논했습니다. 그리하여 "그들을 불러 경고하여 도무지 예수의 이름으로 말하지도 말고 가르치지도 말라(행 4:18)"고 했습니다. 하지만 베드로와 요한은 "하나님 앞에서 너희의 말을 듣는 것이 하나님의 말씀을 듣는 것보다 옳은가 판단하라 우리는 보고 들은 것을 말하지 아니할 수 없다(행 4:19-20)"고 대답했습니다.

이 본문에 나오는 이스라엘 장로들은 직무에 나름대로 충실하게 행동했지만, 영적으로는 완전히 오류를 범하고 있습니다. 그들이 백성 가운데 유포되는 영적인 메시지가 과연 올바른 것인지 판단하기 위해 모인 것은 옳았습니다. 그들은 구약성경에 명시된 자신들의 직무에 충실했던 것입니다. 그러나 한편으로 그들은 안타깝게도 율법을 잘못 이해하고 예수 그리스도에 대해 오해함으로 말미암아, 잘못된 판단을 내렸습니다. 그리하여 그들은 예수님께 사형을 언도했던 실수를 다시금 반복했습니다.[29]

---

29 예수님에게 사형을 언도한 산헤드린 회원들과 사도행전 4장의 회원들이 동일한지는 알 수 없다. 하지만 대부분 겹쳤을 것이라고 추측할 수 있다.

신약시대 새 언약의 장로와 그들의 책임

사도행전 15장에서 우리는 새 언약의 장로들을 보게 됩니다. 이들은 이스라엘의 장로들이 아니라 신약교회의 장로들입니다. 구약시대 장로직이 백성들을 지도하고 재판하는 중차대한 임무를 맡은 것처럼, 신약의 교회에서 장로 직분도 마찬가지 일을 했습니다. 그 직분은 일시적이거나 특수한 상황에 대한 반응으로 제정된 것이 아닙니다.[30] 오히려 신약성경에서 장로직은 세 가지 목적을 위하여 늘 교회에 존재해 왔습니다.[31]

첫째, 교회가 거짓되고 미혹된 가르침에 대항하여 진리를 보호하기 위하여 장로직이 제정되었습니다. 새 언약의 장로는 구약의 장로와 마찬가지로 하나님의 말씀을 사수해야 했습니다.

둘째, 교회가 지속적인 종말론적 환난을 견디도록 돕기 위해 장로직이 존재하게 되었습니다. 구약의 장로들이 백성들의 지도자였던 것

---

30 어떤 학자들은 장로 직분의 임시성을 말하기도 한다. 예를 들어서 고든 피가 그러하다. 하지만 그레고리 빌은 그에 대해 반대한다. Gordon D. Fee, "Reflections on Church Order in the Pastoral Epistles, with Further Reflection on the Hermeneutics of Ad Hoc Documents," *JETS* 28 (1985): 141-51. 빌, 『신약성경신학』, 829n58을 보라. 원문으로는 아래와 같다. G. K. Beale, *A New Testament Biblical Theology: The Unfolding of the Old Testament in the New* (Grand Rapids, MI: Baker Academic, 2011), 822n58.

31 빌, 『신약성경신학』, 829에 나오는 것을 내 식으로 다시 정리한 것이다.

처럼, 새 언약의 장로들 역시 교회와 함께 살고 교회와 함께 죽는 사람이어야 했습니다.

셋째, 장로 직분은 새 창조의 비가시적인 영역을 이 세상에 확장시키는 교회의 선교사역을 위하여 세워졌습니다. 장로는 예수님께서 명령하신 전도와 세례 명령이 땅 끝까지 수행될 수 있도록 협력해야 했습니다.

따라서 신약성경은 장로 직분이 새 창조가 완성될 때까지 존속해야 한다고 가르칩니다. 그래서 장로직을 항존직이라고 하는 것입니다. 장로직이 항존직이라는 말은 한번 장로가 되면 죽을 때까지 장로라는 말이 아닙니다. 그 말은 교회에는 언제나 장로가 있어서 교회에서 그 직무를 감당해야 한다는 뜻입니다.

사도행전 15장에서 새 언약의 장로들은 이런 직무를 너무나 잘 감당하고 있습니다. 1절을 보겠습니다.

어떤 사람들이 유대로부터 내려와서 형제들을 가르치되 너희가 모세의 법대로 할례를 받지 아니하면 능히 구원을 받지 못하리라(행 15:1)

그들은 분명히 유대적 기독교인들이었습니다. 그들은 기독교인이긴 했지만 여전히 유대교의 율법 일부와 그 습속을 따르고자 했던 자들이었습니다. 이 문제 때문에 바울 및 바나바와 그들 사이에 적지 않은 다툼과 변론이 일어났습니다. 그래서 교회는 바울과 바나바 및 몇 사람을 예루살렘에 있는 사도와 장로들에게 보내게 됩니다(2절).

4절에 보니 바울과 바나바 일행이 예루살렘에 도착하자, 교회와 사도와 장로들로부터 영접을 받았습니다. 그리고 그 유명한 예루살렘 사도회의가 개최됩니다. 이 회의는 보통 예루살렘 공의회 혹은 사도회의라고 알려져 있지만, 사실 사도들과 장로들이 다 같이 모인 일종의 노회나 총회였습니다. 그래서 칼뱅이나 헤르만 바빙크와 같은 신학자는 이 모임을 목사와 장로가 같이 모이는 노회의 첫 형태로 봅니다.[32]

사도들과 장로들이 모여서 회의를 한 결과, 교회는 야고보가 대표하여 결의한 내용에 동의합니다(13-21절). 그 결정은 이러합니다.

> 이방인 중에서 하나님께로 돌아오는 자들을 괴롭게 하지 말고 다만 우상의 더러운 것과 음행과 목매어 죽인 것과 피를 멀리하라고 편지하는 것이 옳으니(행 15:19-20)

신약교회는 새롭게 개종한 이방인들이 모세 율법을 지켜야 한다는 유대식 기독교의 가르침에 맞서 올바른 가르침을 결정하게 되었습니다. 이 일에 사도와 함께 장로들이 회의에 참여했다는 사실은 중요

---

32 헤르만 바빙크, 『개혁교의학』, 박태현 옮김(서울: 부흥과개혁사, 2011), 4:510-11. 칼뱅은 장로교 정치제도가 신약 성경에서 그 근거를 두고 있다고 생각했다. 칼뱅이 중요하게 생각했던 두 본문은 사도행전 15장과 디모데전서 4장 14절이다.

합니다.

그레고리 빌(Gregory Beale)과 같은 학자는 사도행전 4장에 나오는 유대인 장로들과 사도행전 15장에 나오는 그리스도인 장로들의 기능은 사실상 동일하다고 주장합니다. 둘 다 각자의 언약 공동체에서 새로운 가르침이 타당한지 판결하는 일을 공식 직무로 담당했기 때문입니다.[33]

하지만 이스라엘의 장로들이 직무는 성실하게 수행했으나 하나님의 말씀을 깨닫지 못하여 신학적으로 오판하였던 반면, 새 언약의 장로들은 하나님의 말씀과 구원역사의 경륜을 잘 깨닫고 신학적으로 매우 건전한 결론을 내렸습니다.

새 언약의 장로의 사명

사도행전에는 새 언약의 장로의 모습을 잘 가르쳐 주는 본문이 한 곳 더 있습니다. 바로 사도행전 20장입니다.

3차 선교여행을 마치고 예루살렘을 향해 가던 바울은 밀레도에서 사람을 보내어 에베소의 교회 장로들을 불러 모았습니다. 그들에

---

33 빌, 『신약성경신학』, 829.

게 바울은 마치 유언장과 같은 말을 전합니다(행 20:25). 왜냐하면 성령이 각 성에서 바울에게 증언하여 결박과 환난이 그를 기다린다고 말씀하셨기 때문입니다(행 20:23). 바울은 에베소의 장로들에게 마지막으로 이렇게 권면합니다.

> 여러분은 자기를 위하여 또는 온 양 떼를 위하여 삼가라 성령이 그들 가운데 여러분을 감독자로 삼고 하나님이 자기 피로 사신 교회를 보살피게 하셨느니라 내가 떠난 후에 사나운 이리가 여러분에게 들어와서 그 양 떼를 아끼지 아니하며 또한 여러분 중에서도 제자들을 끌어 자기를 따르게 하려고 어그러진 말을 하는 사람들이 일어날 줄을 내가 아노라 그러므로 여러분이 일깨어 내가 삼 년이나 밤낮 쉬지 않고 눈물로 각 사람을 훈계하던 것을 기억하라 지금 내가 여러분을 주와 및 그 은혜의 말씀에 부탁하노니 그 말씀이 여러분을 능히 든든히 세우사 거룩하게 하심을 입은 모든 자 가운데 기업이 있게 하시리라 내가 아무의 은이나 금이나 의복을 탐하지 아니하였고 여러분이 아는 바와 같이 이 손으로 나와 내 동행들이 쓰는 것을 충당하여 범사에 여러분에게 모본을 보여준 바와 같이 수고하여 약한 사람들을 돕고 또 주 예수께서 친히 말씀하신 바 주는 것이 받는 것보다 복이 있다 하심을 기억하여야 할지니라(행 20:28-35)

이 말씀에서 정의하는 장로는 **성령께서 교회를 보살피도록 세우신 감독자**입니다. 감독자로서 그들은 하나님이 자기 피로 사신 교회를 잘 보살펴야 합니다. 이 보살핌은 크게 세 가지로 나타납니다. 첫째, 장로들은 진리를 사수해야 합니다. 장로들은 어그러진 말로 교회를 유혹하는 자들로부터 교회를 지켜야 합니다. 둘째, 장로들은 말씀에 의탁하여 교회를 그 말씀 위에 든든하게 세워가야 합니다. 셋째, 장로들은 약하고 가난한 자들을 도와야 합니다. 이렇게 할 때 장로들은 주님께서 맡기신 직무를 잘 수행하게 될 것입니다.

바울은 사도였지만, 장로의 모범이 되기도 했습니다. 사실 사도 바울뿐만 아니라, 다른 사도들도 자신들이 장로의 역할을 하고 있음을 알았습니다. 사도 베드로는 "너희 중 장로들에게 권하노니 나는 함께 장로 된 자요 그리스도의 고난의 증인이요 나타날 영광에 참여할 자니라(벧전 5:1)"라고 말했습니다. 이처럼 장로직은 중요합니다. 저는 결국 장로직의 개혁이야말로 한국교회의 중요한 개혁이 될 것이라고 생각합니다.

사랑하는 성도 여러분, 여러분의 교회가 그러한 장로들을 세우며, 그 장로들에게 순복하는 교회가 되기를 진심으로 부탁드립니다. 아멘.

자기 자리를
지키는 성도

(출애굽기 17:8-16)

자기 자리를 지키는 성도

8. 그 때에 아말렉이 와서 이스라엘과 르비딤에서 싸우니라
9. 모세가 여호수아에게 이르되 우리를 위하여 사람들을 택하여 나가서 아말렉과 싸우라 내일 내가 하나님의 지팡이를 손에 잡고 산 꼭대기에 서리라
10. 여호수아가 모세의 말대로 행하여 아말렉과 싸우고 모세와 아론과 훌은 산 꼭대기에 올라가서
11. 모세가 손을 들면 이스라엘이 이기고 손을 내리면 아말렉이 이기더니

12. 모세의 팔이 피곤하매 그들이 돌을 가져다가 모세의 아래에 놓
    아 그가 그 위에 앉게 하고 아론과 훌이 한 사람은 이쪽에서, 한
    사람은 저쪽에서 모세의 손을 붙들어 올렸더니 그 손이 해가
    지도록 내려오지 아니한지라
13. 여호수아가 칼날로 아말렉과 그 백성을 쳐서 무찌르니라
14. 여호와께서 모세에게 이르시되 이것을 책에 기록하여 기념하
    게 하고 여호수아의 귀에 외워 들리라 내가 아말렉을 없이하여
    천하에서 기억도 못 하게 하리라
15. 모세가 제단을 쌓고 그 이름을 여호와 닛시라 하고
16. 이르되 여호와께서 맹세하시기를 여호와가 아말렉과 더불어
    대대로 싸우리라 하셨다 하였더라

(출애굽기 17:8-16)

생사를 건 전투

산 아래 평원에서는 엄청난 전투가 벌어지고 있습니다. 민족과 민족의 대결입니다. 전쟁은 팽팽합니다. 한쪽이 이겼다가 다른 쪽이 이겼다가 합니다. 그런데 의아하게도, 전세가 밀릴 때마다 지휘관은 저 멀리 산 꼭대기를 쳐다봅니다. 그러면 거기에서 앉아 있던 한 노인이 내렸던 팔을 번쩍 치켜 올립니다. 그러면 다시 전세는 역전되어 이쪽이 이깁니다. 노인이 지칠 것 같아서 다른 두 사람이 옆에서 팔을 올려주고 있습니다. 그리하여 전쟁은 결국 이쪽의 승리로 끝납니다. 이것이 바로 오늘 본문의 이스라엘과 아말렉과의 전투 장면입니다. 여기서 우리는 자신의 자리를 충실하게 지키는 세 종류의 성도를 만나게 됩니다.

여호수아와 그의 군대: 생활 전선에서 치열하게 싸우는 성도

첫 번째 성도는 여호수아와 그의 군대입니다. 이들은 직접 칼을 들고 아말렉과 전투합니다. 이 전투는 출애굽을 한 이스라엘 백성들의 첫 번째 전투였습니다.[1] 이 전쟁은 너무나 중요했습니다. 이 전쟁에서 지

---

1   출애굽기 주석으로는 아래의 주석들이 좋다. Peter P. Enns, *Exodus* (NIVAC, 2000); Douglas

면 약속의 땅 가나안으로 갈 수 없을 뿐 아니라, 민족이 궤멸될 수도 있기 때문입니다. 이는 오히려 애굽에서 노예살이할 때보다 못한 결과입니다.

그런데 상대가 만만치 않습니다. 아말렉 족속은 창세기에 나오는 아말렉의 후손입니다. 아말렉은 에서의 손자였습니다(창 36:12, 15-16). 아말렉 족속은 광야에서 유목민으로 살았습니다.[2] 그들은 낙타를 타고 빠르게 이동하면서 주변 민족들을 괴롭혔습니다. 그들은 광야에서 이스라엘 백성들을 많이 괴롭혔습니다. 아말렉 족속은 르비딤과 호르마 등 여러 곳에서 이스라엘 백성들과 전쟁을 했습니다(출 17:8; 민 14:43-45).[3]

Stuart, *Exodus* (NAC, 2006); Brevard S. Childs, *Exodus* (OTL, 1974); J. Alec Motyer, *The Message of Exodus* (BST, 2005); Fretheim, Terence E., *Exodus* (INT 1991), Durham, John I. *Exodus* (WBC, 1987); Walter C. Kaiser Jr., *Exodus* (EBC, 1990); Nahum M. Sarna, *Exploring Exodus: The Origins of Biblical Israel* (1996). 존 더햄의 WBC 주석은 비평적 관점이 많이 들어가 있지만, 유용한 주해들을 제공한다. 설교자가 참고한 주석 가운데서는 더글라스 스튜어트의 주석과 월터 카이저의 주석이 설교를 위해서는 가장 적절했다. Douglas K. Stuart, *Exodus*, vol. 2, The New American Commentary (Nashville: Broadman & Holman Publishers, 2006); Walter C. Kaiser Jr., "Exodus," in *The Expositor's Bible Commentary: Genesis, Exodus, Leviticus, Numbers*, ed. Frank E. Gaebelein, vol. 2 (Grand Rapids, MI: Zondervan Publishing House, 1990).

2   Stuart, *Exodus*, 2:393.

3   오늘 본문은 르비딤에서 싸우는 장면이다. 르비딤의 정확한 위치는 알 수 없지만 시내산 근처 지역으로 추정한다. Stuart, *Exodus*, 2:387. 여호수아는 이번 전쟁에서는 승리했지만, 일평생

여호수아와 그의 군대는 그런 대단한 민족과 싸우고 있습니다. 이 것은 오늘날 직장에서, 생업 현장에서 가족들을 위해 수고하여 일하는 성도들을 떠올리게 합니다. 요즘 우리나라는 정말 살기가 어렵습니다. 정치적 상황도 심각하지만, 경제 역시 그에 못지않습니다.

그럼에도 불구하고 우리 성도들은 자신의 자리를 지켜야 합니다. 내가 포기하면 가족들이 살 수 없기 때문입니다. 여호수아와 그의 군인들도 마찬가지였습니다. 사실 그들이 전쟁에 대해서 얼마나 알겠습니까? 얼마 전까지만 해도 애굽의 노예로 지내면서 건물을 짓던 사람들입니다. 고센 땅에서 가축을 키우며 살던 사람들입니다. 하지만 그들은 전쟁에 참여했습니다. 모세의 명령을 받았기 때문입니다.

> 모세가 여호수아에게 이르되 우리를 위하여 사람들을 택하여 나가서 아말렉과 싸우라. 내일 내가 하나님의 지팡이를 손에 잡고 산 꼭대기에 서리라(출 17:9)

성도들이 직업 전선에서 스트레스 받고 힘들어도 견디는 이유는 그것이 당연하기 때문입니다. 가족을 사랑하고, 가족의 생계를 책임

아말렉을 완전히 궤멸시키지 못한다. 그 일은 나중에 사울과 다윗이 해낸다. Stuart, *Exodus*, 2:399.

지고, 아이들 키우는 일이 당연하기 때문에 그런 것입니다. 바울 사도는 디모데전서 5장 8절에서 신자가 자기 가족을 돌보지 않는 것은 불신자보다 더 나쁜 것이라고 합니다. 사람이 당연히 해야 하는 일을 안하고 있기 때문입니다.

직장인들에게 물어보면 하루에도 몇 번이나 때려치우고 싶은 때가 있다고 이구동성으로 말합니다. 저는 언젠가 의사 네 분과 식사를 한 적이 있습니다. 그런데 모든 분이 거의 10분 안에 식사를 다 끝내셨습니다. 왜 그런가 여쭤봤더니 수술 및 진료 때문에 식사를 느긋하게 할 수 없고, 그것이 습관이 되어 그렇다는 것입니다. 이처럼 직장 생활이 힘들고 피곤해도 우리는 그만 두지 않습니다. 내가 자리를 지키지 않으면 가족들 모두가 큰 타격을 입기 때문입니다. 사랑하는 성도 여러분, 힘들어도 우리는 자리를 지켜야 합니다.

직장뿐만이 아닙니다. 가정을 가진 성도들은 자녀 양육을 위해 신경을 많이 써야 합니다. '직장 생활만 잘 하면 되지' 하면서 가정을 내팽개치는 것은 옳지 않습니다. 물론 직장만 해도 스트레스가 대단한데, 집안일까지 신경 쓰자니 너무 피곤한 것이 사실입니다. 하지만 부모로서 자기 자리를 지켜야 가정을 성경적으로 세울 수 있습니다.

저희 집 큰 아이가 사춘기였던 때가 있었습니다. 평소에는 너무 착한데, 한번 수가 틀리면 그 누구도 달랠 수 없었습니다. 자녀들이 속을 썩이는 것은 여러분들의 탓이 아닙니다. 하나님께서 필요하니까 그런 상황을 허락하신 것입니다. 우리 삶에서 하나님께서 일하시려고 그런 상황을 주신 것입니다(요 9:1-3).[4] 그렇기 때문에 부부는 서로 격려하면서 자녀들을 말씀으로 양육해야 합니다. 특별히 수고하고 애쓰는 아내들에게 남편의 따뜻한 말 한 마디가 얼마나 격려가 되는지 모릅니다. 그 비밀을 아는 여러분이 되시기 바랍니다.

본문 13절에 보니, "여호수아가 칼날로 아말렉과 그 백성을 쳐서 무찌르니라."라고 되어 있습니다. 구약 성경에서 칼날로 쳐서 이긴다는 것은 철저하게 이긴다는 뜻입니다.[5] 이처럼 여호수아와 그의 군대는 자신의 소임을 다했습니다. 멋진 성도들입니다. 우리도 삶의 현장에서 최선을 다해 수고하고 가정을 아름답게 잘 가꿔갈 수 있기를 바랍니다.

아론과 훌: 선한 일에 협력하는 성도

본문에서 자기 자리를 지킨 두 번째 성도는 아론과 훌입니다. 아론은

---

4 (요 9:1-3) 예수께서 길을 가실 때에 **날 때부터 맹인 된 사람**을 보신지라 제자들이 물어 이르되 랍비여 이 사람이 맹인으로 난 것이 **누구의 죄로 인함이니이까 자기니이까 그의 부모니이까** 예수께서 대답하시되 **이 사람이나 그 부모의 죄로 인한 것이 아니라 그에게서 하나님이 하시는 일을 나타내고자 하심이라**

5 Enns, *Exodus*, 347n6. 헤렘에 대해서는 Kaiser Jr., "Exodus," 2:409를 보라.

모세의 형입니다. 훌은 성경에서 오늘 본문에 처음 나오는 사람입니다. 이 사람은 브살렐의 할아버지였습니다.[6] 브살렐은 유명한 예술가로 성소의 물건을 만들었던 사람입니다(대상 2:19-20). 아론과 훌은 좋은 팀이었습니다. 그들은 모세를 돕는 조력자로 출애굽기 24장 14절에도 등장합니다.[7]

모세는 이스라엘 백성들의 지도자였지만 결코 모든 일을 혼자서 하지 않았습니다. 출애굽기 18장에 보면 모세는 장인 이드로의 조언을 따라 천부장과 백부장과 오십부장과 십부장을 세웁니다(출 18:21, 25). 오늘 본문도 그런 역할 분담의 한 장면을 보여줍니다.[8] 이스라엘 백성들을 출애굽시킬 때 모세는 이미 나이가 80세였습니다. 그런 노인이 하루 종일 팔을 들고 있는 것은 불가능했을 것입니다. 물론 모세

---

6 훌은 갈렙(가나안 정탐꾼 아닌 갈렙)과 에브랏의 아들이다.

7 존 더햄, 『WBC 출애굽기』, 손석태, 채천석 옮김(서울: 솔로몬, 2000), 403. 여기서 갈렙은 가나안 정탐꾼 갈렙이 아닌 다른 갈렙이다. Enns, *Exodus*, 347n5. 피터 엔즈의 주석은 한 본문을 뒤에 나오는 사건들의 "전조" 혹은 "복선"으로 보려는 경향이 너무 심하다. 그리고 기존의 해석이 잘못되었다는 것을 지적하기 위해서는 많은 지면을 할애하지만, 정작 자신이 해석이 무엇인지 보여주는 데는 적은 지면을 할애하며, 많은 경우 "해석이 쉽지 않다"고 말하며 넘어가는 단점이 있다.

8 피터 엔즈는 이것이 18장에 대한 일종의 복선이라고 본다. 엔즈는 칼뱅의 주석을 읽다가 이런 깨달음을 얻게 되었다고 적고 있다(Calvin, *Commentaries on the Four Last Books of Moses*, 292-93 부분). Enns, *Exodus*, 349: "훌과 아론이 모세를 돕는 것은 장차 올 일에 대한 또 다른 복선 역할을 한다고 볼 수 있는데, 그 일은 곧 18장에 나오는 역할의 분담이다."

는 약한 사람은 아니었습니다. 하지만 그도 한계가 있었습니다. 그에게는 아론과 훌이라는 동역자가 필요했습니다.

여기서 아론과 훌은 하나님의 일을 위하여 협력하는 사람들입니다. 종교개혁자 장 칼뱅은 이 장면을 주석하면서 아론과 훌이 하나님께서 세우신 교회의 지도자를 돕는 사람들이었다고 설명합니다.[9]

성도들이 직장에서, 가정에서 자신의 소임을 다하는 것은 매우 중요합니다. 그러나 그것만이 성도의 인생에서 중요한 것은 아닙니다. 우리 신자들은 하나님 나라의 일들을 위해서 늘 협력해야 합니다. 특별히 직분자들이 움직이기 시작할 때 교회는 부흥합니다. 많은 종교개혁자들이 직분자가 있는 곳에 교회가 있다고 말한 것도 그런 까닭입니다. 직분자들이 꼭 필요한 일을 안 하면 도리어 불필요한 일을 만드는 사람이 될 수 있습니다.

"어둔 밤 쉬 되리니 네 직분 지켜서"라는 노래가 있듯이, 우리가 주님의 일에 협력할 수 있는 시간은 생각보다 많지 않습니다.

언젠가 저는 합천 근처에 있는 시골 교회에 가서 설교를 하고 온 적이 있습니다. 혼자 다녀왔는데 거리가 꽤 멀었습니다. 가고 오는 길에 다섯 시간 넘게 운전을 했습니다. 그런데 가는 길에 사고가 날 뻔

---

9   John Calvin, *Commentaries on the Four Last Books of Moses Arranged in the Form of a Harmony*, vol. 1 (Bellingham, WA: Logos Bible Software, 2010), 292.

했습니다. 터널 안에서 앞 차가 급정거를 하는 바람에 저도 급하게 차를 멈추었습니다. 순간 방심했다면 큰 사고가 날 뻔 했습니다. 저는 하나님께서 지켜주신 것이라 생각했습니다. 그런데 사실 그 다음 날 아침에 정말 하나님께서 지켜주셨다는 사실을 깨달았습니다. 운전석 쪽 타이어에 나사가 박혀 있었는데, 그것도 모르고 운전한 것이었습니다. 새벽기도를 가시던 아버지께서 타이어에 바람이 다 빠져 있는 것을 발견하셨습니다. 하마터면 큰일이 날 뻔했습니다. 저는 당시에 주님께서 두 번이나 큰 사고를 막아주신 것에 감사했습니다. 그와 동시에 저에게 주어진 시간이 더욱 감사하게 느껴졌습니다. 사실 저는 자주 죽음에 대해 생각합니다. 우리 집 앞에는 큰 장례식장이 있습니다. 하루 일과를 마치고 집을 들어갈 때마다 저는 '내가 오늘은 걸어서 집으로 들어가지만, 언젠가는 누워서 저기로 들어가겠지?'라고 생각합니다.

우리가 주님을 위해 살 수 있는 시간은 생각보다 짧을지도 모릅니다. 그런데도 10-20대는 어리석어서 주님을 섬기지 못하고, 30-40대는 바빠서 주님을 제대로 섬기지 못하고, 50-60대는 인생을 즐기느라 주님을 섬기지 못하고, 70-80대는 힘이 없어서 주님을 섬기지 못한다면, 언제 주님을 섬길 수 있을까요?

본문 12절에 보니, 과연 아론과 훌은 하루 종일 모세의 손을 붙들어 올리는 데 성공했습니다. 여러분들도 시간과 정성을 드려 선한 일을 힘써 돕는 분들이 되시기 바랍니다.

모세: 손을 들어 간절히 기도하는 성도

오늘 본문에서 자기 자리를 지킨 세 번째 성도는 모세입니다. 사실 오늘 본문에서 가장 중요한 사람은 여호수아와 그의 군대도 아니고, 아론과 훌도 아니고, 바로 모세입니다. 물론 여호수아와 그의 군대가 중요합니다. 모세가 아무리 기도해도 그들이 싸우지 않으면 승리할 수 없기 때문입니다.[10] 아론과 훌도 너무나 중요합니다. 그들이 지도자 모세를 돕지 않으면 모세가 손을 계속 들 수 없었기 때문입니다. 하지만 오늘 전쟁의 승패를 판가름 짓는 사람은 여호수아도 아론과 훌도 아니라 바로 모세였습니다. 모세가 손을 들고 있는 산꼭대기야말로 전쟁의 승부가 진정으로 판가름 나는 장소였기 때문입니다.[11]

여호수아의 칼도 중요하지만, 모세의 손이 더욱 중요합니다.[12] 왜 그렇습니까? 이 전쟁이 평범한 전쟁이 아닌 "거룩한 전쟁"이기 때문

---

10 산 아래에서 여호수아가 칼로 싸우고, 산 위에서는 모세가 손을 들고 하나님께 간청한다. 이것은 기도하는 사람은 또한 일하는 사람임을 잘 보여준다. 월터 카이저는 이것이 하나님의 주권과 인간의 책임성을 보여준다고 한다. Kaiser Jr., "Exodus," 2:408. "두 가지 요소가 함께 작용해야 했다. 첫째, 여호수아의 손에 있는 칼이다. 둘째, 모세의 손에 있는 지팡이(하나님의 간섭을 상징함)이다. 하나님의 뜻을 이루는 데 있어서, 또 다시 하나님의 주권과 인간의 책임성이 연결되어 있었다."

11 Enns, *Exodus*, 348: "The hill is where the battle is truly won."

12 Kaiser Jr., "Exodus," 2:409.

입니다. 거룩한 전쟁이란 구약 성경에서 하나님께서 하나님의 원수를 대적하여 싸우시는 전쟁을 가리킵니다. 거룩한 전쟁의 원리는 신명기 20장에 나옵니다.[13] 그 핵심은 거룩한 전쟁은 하나님께 속한 것이라는 사실입니다. 신명기 20장 1절이 이를 말씀하고 있습니다.

> 네가 나가서 적군과 싸우려 할 때에 말과 병거와 백성이 너보다 많음을 볼지라도 그들을 두려워하지 말라 애굽 땅에서 너를 인도하여 내신 네 하나님 여호와께서 너와 함께 하시느니라(신 20:1)

우리는 전쟁이 우리의 전쟁이며, 승리도 우리에게 달린 것이라고 생각합니다. 직업과 생계 전선에서 살아남는 것은 우리가 노력해서 되는 일이라고 생각합니다. 가정을 잘 돌보는 것도 우리 지혜와 힘에 달린 것이라 생각합니다. 심지어 주님의 교회를 세워나가는 것도 우리의 열심에 달린 것이라 생각합니다. 그러나 그것은 착각이며, 잘못된 생각입니다. 이 모든 전쟁은 하나님의 것이며, 승리도 하나님의 것입니다.[14] 본문에서 모세가 손을 들 때 이기고, 내릴 때 지는 것은 이 전쟁

---

13 거룩한 전쟁에 해당하는 원리에 대해서는 Stuart, *Exodus*, 2:395-97에 자세한 설명이 나온다.

14 Kaiser Jr., "Exodus," 2:409. "전쟁이 주님의 것이었던 것과 마찬가지로 승리도 주님의 것이었다."

이 하나님께 속한 전쟁임을 극명하게 보여줍니다(출 17:11).[15] 거룩한 전쟁에서 승리하는 가장 좋은 길이 철저한 순종과 신실한 의존인 이유가 거기에 있습니다.[16]

그렇기에 오늘날 성도들은 기도해야 합니다. 기도도 대충하는 기도가 아니라, 정말 마음을 다해 기도해야 합니다. 모세가 손을 머리 위로 높이 드는 것은 오직 하나님만 높이고 의지하겠다는 그의 마음을 보여줍니다.[17] 우리는 온 맘 다해 주님께 매달려야 합니다. 예레미야 33장 3절에서 하나님은 이렇게 약속하십니다.

> 너는 내게 부르짖으라 내가 네게 응답하겠고 네가 알지 못하는 크고 은밀한 일을 네게 보이리라(렘 33:3)

마태복음 7장 7-8절에서 예수님은 더욱 확실하게 약속하십니다.

> 구하라 그리하면 너희에게 주실 것이요 찾으라 그리하면 찾아낼 것이요 문을 두드리라 그리하면 너희에게 열릴 것이니 구하는 이마다 받

---

15 스튜어트는 이 구절이 "쉬지 말고 기도하라"는 것을 일차적으로 가르치는 본문은 아니라고 하며, 거룩한 전쟁에서 하나님의 전적 주권을 가르치는 본문으로 본다. Stuart, *Exodus*, 2:398.

16 Stuart, *Exodus*, 2:397. "결정적이고 신속한 승리는 신실하고 거룩한 전쟁의 특징을 보여주었다."

17 Stuart, *Exodus*, 2:398.

을 것이요 찾는 이는 찾아낼 것이요 두드리는 이에게는 열릴 것이니라
(마 7:7-8)

저는 요즘 기도가 간절해지고 있습니다. 집에서나 학교에서나 기
도할 일이 많기 때문입니다. 그래서 시간을 내어 하나님을 향해 두 손
을 높이 듭니다. 주님을 의지합니다. 그래야 영적 싸움에서 승리하기
때문입니다. 그날의 대적을 이길 수 있기 때문입니다.

우리의 대적이 누구입니까? 우리의 대적은 우리가 구원을 얻고,
하나님의 말씀대로 살아가는 일에 방해가 되는 자들입니다. 구원 문
제를 흔드는 자가 우리의 대적입니다.[18] 그들을 이긴다는 것은 영적으
로 승리한다는 것입니다. 그렇게 보면 사실 우리의 대적은 사람이 아
닙니다. 우리의 대적은 사람 안에 있는 죄성이며, 에베소서 2장 2절에
서 말하듯이, 공중의 권세 잡은 자이며 불순종의 아들들 가운데서 역
사하는 영입니다. 그래서 사도 바울은 에베소서 6장 12절에서 이렇게
말합니다.

우리의 씨름은 혈과 육을 상대하는 것이 아니요 통치자들과 권세들과 이
어둠의 세상 주관자들과 하늘에 있는 악의 영들을 상대함이라(엡 6:12)

---

18 Enns, *Exodus*, 361: "그 행동이 구원에 있어 중요성을 가지는 사람들이 바로 우리의 원수들이다."

우리가 악한 영들을 이기는 방법은 기도 밖에 없습니다. 바울 사도는 디모데전서 2장 8절에서 이렇게 말합니다.

그러므로 각처에서 남자들이 분노와 다툼이 없이 거룩한 손을 들어 기도하기를 원하노라(딤전 2:8)

기도하지 않고 일하면 내가 일하게 되지만, 기도하고 일하면 나를 통하여 하나님께서 일하십니다.

여호와 닛시: 승리를 주시는 하나님

바로 그 사실을 알았기 때문에 아말렉과의 전쟁에서 승리한 후에 모세는 제단을 쌓고 그 이름을 "여호와 닛시"라고 고백합니다.

모세가 제단을 쌓고 그 이름을 여호와 닛시라 하고 이르되 여호와께서 맹세하시기를 여호와가 아말렉과 더불어 대대로 싸우리라 하셨다 하였더라(출 17:15-16)

"여호와 닛시"는 "여호와는 나의 깃발"이라는 뜻입니다. 여기서 깃발은 전쟁에서 그것을 중심으로 모이는 표시입니다. 우리가 영적 전쟁에서 승리하려면, 하나님을 중심으로 모여야 합니다.[19] 본문에서 모세가 높이 들었던 손이 바로 그러한 '깃발'의 역할을 한 것입니다. 우리는 거기에서 하나님의 능력과 승리를 확인합니다.[20] 그런데 16절에서 무엇이라고 말씀합니까?

> 여호와께서 맹세하시기를 여호와가 아말렉과 더불어 대대로 싸우리라 하셨다 하였더라(출 17:16)

너무나 놀랍게도 하나님은 이스라엘 백성들이 아말렉과 싸우는 전투에서 대대로 친히 싸워주시겠다고 약속하십니다. 하나님께서 영적인 전쟁에서 반드시 함께 해주시겠다고 약속하신 것입니다.[21]

사랑하는 여러분, 우리가 우리의 자리를 지키는 것 같지만 사실 우리의 자리를 지키시는 분은 하나님이십니다.[22] 우리가 때로 우리의 자리를 벗어나 있을 때에도, 하나님은 언제나 하나님의 자리를 지키십니다. 이스라엘을 지키는 것은 여호수아의 칼날도, 아론과 훌의 협

---

19 Stuart, *Exodus*, 2:400.

20 더헴, 『WBC 출애굽기』, 405. 삼하 6:6-15도 참조하라.

21 Houtman, *Exodus*, 2:390. Enns, *Exodus*, 351에서 재인용.

22 더헴, 『WBC 출애굽기』, 406.

자기 자리를 지키는 성도 189

력도, 심지어 모세의 높이 들린 손도 아니었습니다. 이스라엘을 지키는 분은 바로 하나님이십니다. 여호와 닛시의 하나님은 지금도 우리에게 말씀하십니다. "내가 너를 지켜줄게. 내가 함께 해 줄게. 내가 이기게 해 줄게."라고 약속하십니다.

모세가 두 손을 높이 들고서 이스라엘 백성들을 구원한 것처럼, 십자가에서 두 손을 드신 우리 주 예수 그리스도께서 모세의 구원보다더 위대한 구원을 우리에게 주셨습니다.[23] 성령님께서 지금도 우리가두 손을 들고 기도할 때 우리를 돕는 보혜사로 역사하십니다. 하나님은 영원토록 우리와 함께 하십니다(요 14:16). 우리는 때로 불안해 합니다. 하지만 하나님은 이미 최후 승리를 약속하셨습니다. 그렇기에 우리는 하나님의 약속의 말씀을 붙잡고 오늘도 소망 가운데 힘을 내어살아갈 수 있습니다. 모든 성도님들이 여호수아처럼 삶의 현장에서 치열하게 일하고, 아론과 훌처럼 선한 일에 협력하며, 모세처럼 기도함으로, 매일의 영적 전쟁에서 승리하시길 간절히 원합니다. 아멘.

---

23 피터 엔즈는 이런 해석이 알레고리적으로 쓰이면 과도한 기독론적 해석이라고 말했다. 하지만 그도 역시 모세의 구원이 그리스도의 구원을 예표적으로 보여준다는 점에서 이런 해석을 받아들일 수 있다고 했다. 나 역시 엔즈의 균형 잡힌 기독론적 해석을 수용하면서, "설교적 적용"의 차원에서 이런 내용을 말할 수 있다고 생각한다. Enns, *Exodus*, 353-354.

Redemptive-Historical
Sermon
10

싯딤에서
길갈까지

(여호수아 3:14-17)

싯딤에서 길갈까지

14. 백성이 요단을 건너려고 자기들의 장막을 떠날 때에 제사장들은 언약궤를 메고 백성 앞에서 나아가니라
15. 요단이 곡식 거두는 시기에는 항상 언덕에 넘치더라 궤를 멘 자들이 요단에 이르며 궤를 멘 제사장들의 발이 물 가에 잠기자
16. 곧 위에서부터 흘러내리던 물이 그쳐서 사르단에 가까운 매우 멀리 있는 아담 성읍 변두리에 일어나 한 곳에 쌓이고 아라바의 바다 염해로 향하여 흘러가는 물은 온전히 끊어지매 백성이 여리고 앞으로 바로 건널새
17. 여호와의 언약궤를 멘 제사장들은 요단 가운데 마른 땅에 굳게 섰고 그 모든 백성이 요단을 건너기를 마칠 때까지 모든 이스라엘은 그 마른 땅으로 건너갔더라

(여호수아 3:14-17)

출애굽에서 가나안까지

구약 이스라엘 백성들의 이야기는 우리 성도들의 영적인 일기장과 같습니다. 이스라엘 백성들이 출애굽 하여 홍해를 건너고 40년 광야 생활을 한 뒤에 요단강을 건너 가나안 땅으로 들어가는 장면은 신앙인의 전체 생애를 그림처럼 보여줍니다.

이스라엘 백성들이 홍해를 건너는 것은 예수님을 믿어 세례를 받고 신앙생활을 처음 시작하는 것을 상징합니다(고전 10:2). 이스라엘 백성들의 광야 40년 생활은 신앙적 삶의 굴곡을 상징합니다(히 3:8). 이스라엘 백성들이 요단강을 건너 가나안 땅을 정복하는 것은 신앙인의 영적 성숙을 보여줍니다.

오늘 우리가 읽은 여호수아 본문은 이스라엘 백성들이 요단강을 건너는 장면입니다.[1] 저는 이 설교 제목을 〈싯딤에서 길갈까지〉라고

---

1 여호수아 설교를 위해서 아래 주석이 특히 도움이 되었다. C. J. Goslinga, *Joshua, Judges, Ruth*, trans. R. Togtman, Bible Student's Commentary (Grand Rapids: Zondervan, 1986). 이 주석은 여호수아서 주석으로 가장 좋은 것 같다. 역사적, 문헌학적 분석도 탁월하지만, 무엇보다 신학적 해설이 아주 뛰어나다. David M. Howard Jr., *Joshua*, vol. 5, The New American Commentary (Nashville: Broadman & Holman Publishers, 1998). 이 주석은 히브리어의 고유한 표현들과 문형들을 아주 잘 기술하고 있다. Richard S. Hess, *Joshua: An Introduction and Commentary*, vol. 6, Tyndale Old Testament Commentaries (Downers Grove, IL: InterVarsity Press, 1996). 이 주석은 전체적으로 간략하면서도 주석에 필요한 요소들이 균형을 잘 이루고 있다. Marten H. Woudstra, *The Book of Joshua*, The New International Commentary on the

붙였습니다. 싯딤은 이스라엘 백성들이 정탐꾼을 여리고로 보내어 정탐하게 한 곳입니다(수 2:1).[2] 길갈은 요단강을 건넌 후에 열두 돌을 세운 곳입니다(수 4:20).[3] 따라서 "싯딤에서 길갈까지"는 여호수아와 그의 백성들이 요단강을 건넌 때의 일을 뜻합니다. 이 표현은 미가서 6장 5절에 나옵니다.

> 내 백성아 너는 모압 왕 발락이 꾀한 것과 브올의 아들 발람이 그에게 대답한 것을 기억하며 싯딤에서부터 길갈까지의 일을 기억하라 그리하면 나 여호와가 공의롭게 행한 일을 알리라 하실 것이니라(미 6:5)

싯딤에서 길갈까지, 즉 이스라엘 백성들의 요단강 도하 사건은 너무나 중요합니다. 이 본문에서는 하나님께서 우리의 영적 성숙을 위해 단련시키는 세 가지 신앙의 모습을 볼 수 있습니다.

Old Testament (Grand Rapids, MI: Eerdmans, 1981). 이 주석은 현대의 논의들을 잘 정리해 주고 있다.

2   (수 2:1) 눈의 아들 여호수아가 싯딤에서 두 사람을 정탐꾼으로 보내며 이르되 가서 그 땅과 여리고를 엿보라 하매 그들이 가서 라합이라 하는 기생의 집에 들어가 거기서 유숙하더니

3   (수 4:20) 여호수아가 요단에서 가져온 그 열두 돌을 길갈에 세우고

하나님은 거룩한 신앙을 원하신다.

첫째로, 하나님은 우리가 거룩한 신앙을 가지기를 원하십니다. 본문 5절을 보면, "여호수아가 또 백성에게 이르되 너희는 자신을 성결하게 하라 여호와께서 내일 너희 가운데에 기이한 일들을 행하시리라(수 3:5)"라고 말씀합니다. 전쟁을 앞두고 성결을 명령하는 것은 거룩한 전쟁(聖戰)의 특징입니다. 여호수아 5장에 보면 더욱 기가 막힌 장면이 나오는데, 여리고 전쟁을 앞두고 길갈에서 남자들이 할례를 행하는 것입니다. 전쟁을 앞두고 할례를 행한다는 것은 상식적으로 전혀 이해가 가지 않습니다. 하지만 하나님의 관점에서 보면 너무나 필요한 일입니다.

이스라엘 백성들이 앞으로 가나안에서 치를 전쟁은 평범한 정복 전쟁이 아닙니다. 그것은 그들이 하나님을 대신하여 가나안의 타락한 백성들을 심판하는 거룩한 전쟁입니다. 따라서 이 전쟁에서는 이스라엘 백성들이 먼저 거룩하지 않으면 안 됩니다.[4]

---

4   어떤 사람들은 가나안 사람들을 진멸하라는 하나님의 명령이 너무나 잔인한 것이라 생각하지만, 사실 그런 측면에서 볼 일이 아니다. 하나님은 가나안 사람들을 대하여 오래 참으셨다. 창세기 15:16을 보면, "네 자손은 사대 만에 이 땅으로 돌아오리니 이는 아모리 족속의 죄악이 아직 가득 차지 아니함이니라 하시더니"라고 한다. 하나님은 그들의 죄악이 땅에 가득 찰 때까지 오래 참고 기다리셨다. 그리고 가나안 인들의 죄악이 정말 극에 달했을 때 하나님은 이스라엘 백성들을 통하여 징벌하시기로 작정하셨다. 이 경우 이스라엘 백성들은 잔인한 짓을 일

본문 5절에서 우리가 "하나님의 기이한 일"을 보기 위해서는 성결하게 행해야 한다고 말씀합니다. 성결치 못한 자가 기적을 보면 도리어 은혜를 쏟아버리기 때문입니다. 여기서 말하는 성결은 외적인 성결과 내적인 성결 모두를 뜻합니다.[5] 사실 하나님께서 이스라엘 백성들을 구원하신 목적도 "거룩한 백성"이 되게 하는 것이었습니다.

> 세계가 다 내게 속하였나니 너희가 내 말을 잘 듣고 내 언약을 지키면 너희는 모든 민족 중에서 내 소유가 되겠고 너희가 내게 대하여 제사장 나라가 되며 "거룩한 백성"이 되리라 너는 이 말을 이스라엘 자손에게 전할지니라(출 19:5-6)

신앙의 세계에서 우리 삶의 목적은 성공이 아니라, 성결입니다. 하나님은 이 땅 가운데 하나님의 살아계심을 우리를 통해 드러내고자 하십니다. 우리를 통해 거룩과 경건이 성공이나 출세보다 더 중요함을 드러내고자 하십니다. 그리하여 하나님이 거룩하신 분이심을 세상에 알리십니다.

거룩이 무엇입니까? 거룩이라는 말이 하나님과 연관되어 사용될

삼는 사람들이 아니라, 하나님의 철저한 심판을 보여주는 도구들이다. 그렇기 때문에 그들은 거룩해야 한다.

5 Goslinga, *Joshua, Judges, Ruth*, 51.

때는 하나님의 "영예", "영광"과 비슷한 의미입니다. 그런데 피조물과 연관될 때는 "구별됨"의 개념을 포함합니다. 구약 성경은 안식일,[6] 이스라엘 백성들과 제사장들,[7] 나실인,[8] 처음 난 것,[9] 성소들[10] 등을 가리켜 거룩하다고 하는데, 그것이 다른 것과 분리되고 구별되기 때문입니다.[11] 특히 타락한 세상에서 윤리적으로 사는 거룩한 삶에는 반드시 죄로부터의 분리가 있어야 합니다.

우리 성도들이 이 세상 사람들에게 하나님의 살아계심을 어떻게 보여줄 수 있을까요? 분리된 삶, 구별된 삶, 거룩한 삶을 통해 그렇게 할 수 있습니다. 직장 생활을 하다 보면 돈 때문에 윤리적인 갈등을 겪을 때가 있습니다. 그럴 때 우리는 하나님의 살아계심을 드러내기 위해 부정한 이득을 포기해야 합니다. 그렇게 하기란 쉽지 않습니다. 돈 문제가 걸리면 신앙 좋은 사람도 곧잘 넘어집니다. 『돈의 철학』이라는 책을 쓴 게오르그 짐멜이라는 독일의 사회학자는 이렇게 말했습니다.

---

6   창 2:3; 출 20:11

7   출 29:44; 31:13; 레 21:8, 15; 22:9, 16; 민 3:3; 겔 20:12; 22:26; 37:28; 48:11.

8   민 6:5, 8.

9   출 13:2; 민 3:13; 8:17.

10   출 29:43-44; 민 7:1; 왕상 9:3, 7; 대하 7:16, 20; 30:8; 36:14.

11   David P. Wright, "Holiness: Old Testament," ed. David Noel Freedman, *The Anchor Yale Bible Dictionary* (New York: Doubleday, 1992), 237-238을 보라.

"수많은 사람들이 여타의 관계에서보다 돈 문제에서 더 비양심적이고 윤리적으로 의심스러운 행동을 한다."[12] 정말 맞는 말입니다. 그렇기 때문에 더욱이 성도들이 돈 문제에서 깨끗하다면 이 세상 사람들에게 하나님의 살아계심을 보여줄 수 있게 됩니다.

바쁜 생활 가운데 예배 시간을 지키는 것은 세상의 눈에 어리석어 보입니다. 하지만 하나님은 그것을 요구하십니다. 특별히 하나님은 외적 성결과 내적 성결을 함께 요구하십니다. 단지 예배의 자리에 몸이 나와 있는 것을 넘어 마음을 드려야 합니다. 그것이 진정한 성결입니다.

어떻게 하면 우리가 성결하게 살 수 있을까요? 하나님의 임재 의식 가운데 살아갈 때 가능합니다. 본문 3절과 4절에 이렇게 기록되어 있습니다.

> 백성에게 명령하여 이르되 너희는 레위 사람 제사장들이 너희 하나님 여호와의 언약궤 메는 것을 보거든 너희가 있는 곳을 떠나 그 뒤를 따르라 그러나 너희와 그 사이 거리가 이천 규빗쯤 되게 하고 그것에 가까이 하지는 말라 그리하면 너희가 행할 길을 알리니 너희가 이전에 이 길을 지나보지 못하였음이니라 하니라(수 3:3-4)

---

12 게오르그 짐멜, 『짐멜의 모더니티 읽기』, 김덕영, 윤미애 옮김(서울: 새물결, 2005), 제 1장, "현대 문화에서의 돈", 11-33쪽 중 30쪽. "Das Geld in der modernen Kultur," *Zeitschrift des Oberschlesischen Berg- und Huttenmannischen Vereins* 35 (1896), 319-24.

여기에서 언약궤를 제사장들이 메게 한 것은 언약궤가 특별하며, 이 사건 역시 특별하다는 것을 뜻합니다. 언약궤와 백성들 사이의 거리를 이천 규빗 즉 900미터[13] 정도 띄우라고 한 것은, 백성들이 먼 곳에서도 다 볼 수 있도록 하기 위해서입니다. 언약궤에 대해 히브리서 9장 4-5절에서는 이렇게 말씀합니다.

> 금 향로와 사면을 금으로 싼 언약궤가 있고 그 안에 만나를 담은 금 항아리와 아론의 싹난 지팡이와 언약의 돌판들이 있고 그 위에 속죄소를 덮는 영광의 그룹들이 있으니 이것들에 관하여는 이제 낱낱이 말할 수 없노라(히 9:4-5)

이 설교에서 언약궤의 의미와 중요성에 대해 낱낱이 말할 수는 없습니다. 중요한 것은 언약궤가 하나님의 임재와 속성을 상징한다는 것입니다. 우리가 어떻게 돈 문제에서 거룩할 수 있습니까? 우리가 어떻게 외적으로나, 내적으로나 정결하게 될 수 있습니까? 삶에서도 예배자로 사는 것을 가능하게 하는 것은 무엇입니까? 바로 항상 하나님의 임재와 말씀을 기억하는 것입니다.

---

13 1규빗은 17.5인치 정도 된다. B. K. Waltke, "Ark of Noah," ed. Geoffrey W. Bromiley, *The International Standard Bible Encyclopedia*, Revised (Grand Rapids, MI: Eerdmans, 1979-1988), 291.

그리스도를 바라보십시오. 마가복음 1장 35절에 "새벽 오히려 미명에 예수께서 일어나 나가 한적한 곳으로 가사 거기서 기도하시더니"라고 기록되어 있습니다. 하나님의 아들이신 그분도 하루를 하나님께 성결하게 바쳐드리기 위해서 하나님의 임재 앞에서 살아가셨습니다. 우리 역시 그리스도를 닮아가야 합니다. 하나님의 임재에서부터 일상을 시작해야 합니다.

하나님은 용기 있는 신앙을 원하신다.

둘째로, 하나님은 우리에게 용기 있는 신앙을 원하십니다. 본문 13절을 보겠습니다.

> 온 땅의 주 여호와의 궤를 멘 제사장들의 발바닥이 요단 물을 밟고 멈추면 요단 물 곧 위에서부터 흘러내리던 물이 끊어지고 한 곳에 쌓여 서리라 (수 3:13)

여기서 중요한 부분은 "제사장들의 발바닥이 요단 물을 밟고 멈추면" 요단 강물이 끊어질 것이라는 부분입니다. 홍해를 건넜던 사람들이 요단강 지나는 것을 두려워했겠냐고 생각할 수 있습니다. 하지만 그렇지 않습니다. 우선, 홍해를 건넜던 사람들은 요단강을 건너는 이들의 부모 세대였습니다. 이 사람들 중 대부분은 홍해를 건넜던 사건을 귀로만 들었지, 실제로 체험하지는 못한 사람들입니다. 출애굽기 14장에 의하면, 홍해를 건넜을 때에는 백성들이 바다가 다 갈라진 것을 보고 건넜습니다.

> 지팡이를 들고 손을 바다 위로 내밀어 그것이 갈라지게 하라 이스라엘 자손이 바다 가운데서 마른 땅으로 행하리라(출 14:16)

> 모세가 바다 위로 손을 내밀매 여호와께서 큰 동풍이 밤새도록 바닷물을 물러가게 하시니 물이 갈라져 바다가 마른 땅이 된지라(출 14:21)

그때 이스라엘 백성들은 홍해 바다가 이미 갈라진 것을 보고 건넜습니다. 그러나 이제 요단강의 경우는 그렇지 않습니다. 언약궤를 멘 제사장들의 발바닥이 요단 물을 밟기 전까지 강물은 갈라지지 않았습니다. 본문 15절은 이렇게 말합니다.

> 요단이 곡식 거두는 시기에는 항상 언덕에 넘치더라 궤를 멘 자들이 요단에 이르며 궤를 멘 제사장들의 발이 물 가에 잠기자(수 3:15)

당시는 "곡식 거두는 시기", 즉 니산월 10일이었는데, 우리로 치면 4월쯤입니다. 이때는 북쪽의 헤브론 산에서 눈이 녹아 물이 엄청나게 불어나는 시기입니다. 요단강은 보통 폭이 30미터이고, 깊이가 1-3미터 정도 됩니다.[14] 하지만 물이 불어날 때는 그 폭이나 깊이가 평소의 몇 배가 됩니다. 그래서 본문에서는 "언덕에 넘치더라"라고 말해주고 있습니다. 이때는 물이 크게 불어나고 유속이 빨라지고 소용돌이가 일어나기 때문에, 수영을 잘 하는 사람도 휩쓸려 갑니다.

왜 하나님은 홍해를 건넜을 때처럼 요단강 바닥을 말리셔서 백성들이 편안하게 지나가게 하시지 않았을까요? 능력이 부족해서 그러셨을까요? 왜 하나님은 요단강이 가물 때 지나가게 하지 않으셨을까요? 하나님이 지혜가 부족해서 그러셨을까요? 아닙니다. 하나님께서 원하신다면 백성들이 아무 걱정 없이 요단강을 건너게 하실 수도 있었지만 그렇게 하지 않으셨습니다. 하나님은 요단 강물이 가장 불어난 시점을 의도적으로 택하셨습니다. 하나님은 궤를 멘 제사장들의 발이 물에 잠길 때까지 의도적으로 기다리셨습니다. 마침내 제사장들의 발이 물에 잠겼을 때, 그 넘실거리던 요단강이 그치게 하셨습니다.

이처럼 하나님은 우리를 어려움의 극한까지 몰아가기도 하십니다. 그리하여 우리가 얼마나 무력하며 나약한지 깨닫게 하십니다. 그리하여 오직 하나님만을 바라보게 하십니다.[15]

왜 그러실까요? 앞으로 더 큰 사역이 남아 있기 때문입니다. 이스

---

14 Hess, *Joshua*, 115.

15 Goslinga, *Joshua, Judges, Ruth*, 50.

라엘 백성들에게 요단강을 건너는 일은 여정의 끝이 아니라 시작이었습니다. 이제 그들은 가나안을 정복해야 합니다. 그런데 만일 그들이 단 한 번도 어려움을 겪어보지 못했다면 앞으로 있을 전쟁을 어떻게 감당할 수 있겠습니까?

"샘물과 같은 보혈은 주님의 피로다"라는 찬송시를 쓴 윌리엄 카우퍼(William Cowper)라는 분이 있습니다. 1759년, 28살의 카우퍼는 정신쇠약증에 걸려서 3번이나 자살을 시도했습니다. 그는 자신이 저주받은 사람이라고 생각했습니다. 1763년 그는 '세인트 알반'이라는 정신병원에 맡겨졌습니다. 거기서 나다나엘 코튼이라는 58세의 독실한 크리스천 의사를 만났습니다. 의사 코튼은 카우퍼를 지극정성으로 돌보았습니다. 정신병원에서 지낸 지 6개월 되는 어느 날, 카우퍼는 벤치에 놓여 있는 성경책을 읽게 되었습니다.[16] 그리고 예수님을 만났습니다. 2년 뒤 카우퍼는 치료가 끝나고 정신병원에서 퇴원했습니다. 이후에 목사가 되었고 35년이 넘도록 훌륭하게 사역했습니다.[17]

야고보서 1장 2절은 "내 형제들아 너희가 여러 가지 시험을 당하

---

16 그때 카우퍼는 로마서 3:25를 읽게 됐다. "이 예수를 하나님이 그의 피로써 믿음으로 말미암는 화목제물로 세우셨으니 이는 하나님께서 길이 참으시는 중에 전에 지은 죄를 간과하심으로 자기의 의로우심을 나타내려 하심이니"

17 http://www.desiringgod.org/messages/the-demonstration-of-gods-righteousness-part-3 (2021.6.11. 접속)

거든 온전히 기쁘게 여기라(약 1:2)"라고 말씀합니다. 어떻게 시험을 기쁘게 여길 수 있습니까? 4절에 그 답이 나옵니다.

인내를 온전히 이루라 이는 너희로 온전하고 구비하여 조금도 부족함
이 없게 하려 함이라(약 1:4)

시험을 이기면 온전해지고 부족함이 없는 사람이 되기 때문입니다. 어려움을 당할 때 우리는 더욱 용기를 내야 합니다. 이 시험을 이기면 하나님께서 더욱 귀한 사역을 맡기시리라 믿고 한 걸음씩 전진해야 합니다.

하나님은 시험을 이길 수 있는 길을 주십니다. 본문 11절에 "보라 온 땅의 주의 언약궤가 너희 앞에서 요단을 건너가나니"라고 말씀합니다. 백성들이 요단강을 건너는 것은 분명 믿음과 용기가 필요한 일이었습니다. 하지만 그 용기와 힘들은 언약궤가 앞서 요단강을 건너는 것을 바라볼 때 얻을 수 있었습니다.

우리도 마찬가지입니다. 삶에 어려움이 올 때 우리는 주 예수 그리스도를 기억해야 합니다. 언약궤가 요단강 위에서 번쩍 들어 올려진 것처럼, 주 예수 그리스도는 십자가 위에 번쩍 들어 올려지셨습니다. 그분은 끝까지 자신의 자리를 지키셨습니다. 그리고 이제는 성령으로 찾아와 우리를 도우십니다. 베드로전서 4장 12-13절에서 이렇게 말씀합니다.

사랑하는 자들아 너희를 연단하려고 오는 불 시험을 이상한 일 당하는 것 같이 이상히 여기지 말고 오히려 너희가 그리스도의 고난에 참여하는 것으로 즐거워하라 이는 그의 영광을 나타내실 때에 너희로 즐거워하고 기뻐하게 하려 함이라(벧전 4:12-13)

언제 요단강이 멈추어 벽처럼 쌓이게 되었습니까(13절)?[18] 이스라엘 백성들이 싯딤에 있을 때, 요단강을 멀리서 바라볼 때도, 요단강가에 있을 때도 아니었습니다. 그들이 발을 요단 강물에 넣었을 때 그 일이 일어났습니다. 우리가 십자가에서 멀찌감치 떨어져 있으면 하나님께서 행하시는 기적을 경험할 수 없습니다. 하지만 우리에게 주어진 고난과 역경을 그리스도를 기억하며 인내하고 참으면, 놀라운 은혜를 누리게 됩니다. 그리스도의 고난에 참여하는 자가 됩니다. 당장에 눈에 보이는 증거는 없더라도 용기를 내어 요단강에 발을 내딛으시기 바랍니다. 그러면 반드시 하나님의 손길을 체험하게 될 것입니다.

---

18 칼뱅은 이스라엘 백성들이 마치 요단강이 없는 것처럼 마른 땅을 건넜다고 주석한다. 해당 구절에 대한 주석을 보라.

하나님은 인내하는 신앙을 원하신다.

셋째로, 하나님은 인내하는 신앙을 원하십니다. 본문 17절은 이렇게 말씀합니다.

> 여호와의 언약궤를 멘 제사장들은 요단 가운데 마른 땅에 굳게 섰고 그 모든 백성이 요단을 건너기를 마칠 때까지 모든 이스라엘은 그 마른 땅으로 건너갔더라(수 3:17)

여기 보면 언약궤를 멘 제사장들의 역할이 나옵니다. 넘실거리는 요단강에 첫 발을 디뎠던 그들은 백성들이 다 건널 때까지 요단강 가운데에서 굳게 서 있어야 했습니다. 그들은 한 번 용기를 발휘하고 끝내는 것이 아니라, 끝까지 인내하면서 자신의 자리를 지켜야 했습니다.

우리 공동체에도 이런 사람이 필요합니다. 다른 사람이 강을 다 건널 때까지 자기 자리를 지키는 사람, 그런 사람을 하나님은 찾으십니다. 여러 교회에 말씀을 전하러 다니다 보면 가끔은 어려운 교회들을 만납니다. 큰 문제가 생겨서 몇 년간 교회가 시끄러운 경우가 있습니다. 그럴 때 많은 사람들이 교회를 떠납니다. 하지만 어떤 분들은 끝까지 교회를 지킵니다. 새벽마다 울면서 교회를 위해 기도합니다. 그런 분들이 있기에 교회는 시련을 이기고 다시 회복할 수 있습니다.

그리스도를 생각해 보십시오. 모든 제자들이 겟세마네에서 잠들었을 때 그리스도만이 깨어계셨습니다(마 26:40-41). 모든 제자들이 배반하여 떠났을 때 그리스도만이 자신에게 주어진 사명의 길을 가셨습니다(마 26:56). 지금도 그리스도는 신실하게 우리와 함께 하십니다. 우리의 인내는 그리스도의 일하심의 결과입니다.

가정도 마찬가지입니다. 가정마다 위기가 없는 가정은 없습니다. C. S. 루이스는 "문제없는 가정은 멀리서 바라본 가정밖에 없다."라는 명언을 남겼습니다. 가정에 문제가 생겼을 때, 남편과 아내, 그리고 성장한 자녀라면, 자기가 가정을 지켜야겠다고 생각해야 합니다. 자신의 자리를 이탈하면 안 됩니다. 그러면 그 가정은 결국 요단강을 건너지 못하게 됩니다. 하지만 법궤를 높이 든 제사장과 같은 사람이 가정에 있다면, 하나님은 그 가정을 불쌍히 여기실 것이고, 반드시 은혜를 주실 것입니다. 가족 모두가 요단강을 건널 수 있도록 해 주실 것입니다. 16절을 통해 하나님께서 이스라엘 백성들이 다 건널 수 있도록 물을 아담 성읍 변두리에 쌓아두셨음을 알 수 있습니다.

> 곧 위에서부터 흘러내리던 물이 그쳐서 사르단에 가까운 매우 멀리 있는 아담 성읍 변두리에 일어나 한 곳에 쌓이고 아라바의 바다 염해로 향하여 흘러가는 물은 온전히 끊어지매 백성이 여리고 앞으로 바로 건널새(수 3:16)

고린도전서 10장 13절은 이렇게 말씀합니다.

> 사람이 감당할 시험 밖에는 너희가 당한 것이 없나니 오직 하나님은

미쁘사 너희가 감당하지 못할 시험 당함을 허락하지 아니하시고 시험
당할 즈음에 또한 피할 길을 내사 너희로 능히 감당하게 하시느니라
(고전 10:13)

문제는 시련이 있느냐 없느냐가 아닙니다. 그보다 더 중요한 것은
우리의 믿음입니다. 이스라엘 백성들과 그 제사장들처럼 끝까지 인내
하면서 믿음으로 하나님을 바라보면, 하나님은 반드시 피할 길을 주
십니다. 사실 하나님은 언제나 우리 삶 가운데서 일하십니다.

하나님께로부터 난 자는 다 범죄하지 아니하는 줄을 우리가 아노라 하
나님께로부터 나신 자가 그를 지키시매 악한 자가 그를 만지지도 못하
느니라(요일 5:18)

요단강을 명하여, "거기까지!"라고 명령하신 하나님은 우리 삶에
도 사탄이 가까이 하지 못하도록 "거기까지!"라고 명령하십니다. 언젠
가 제가 오전에 교회에 가다가 사고가 난 적이 있습니다. 아버지께서
운전하고 계셨는데, 옆에서 다른 차가 와서 받았습니다. 사고가 난 순
간에는 너무 놀랐었는데, 사고를 수습하고 난 후 교회에 오면서 생각
해 보니, 아무도 다치지 않은 것이 정말 감사했습니다. 그로부터 한 달
전 고속도로를 달릴 때 타이어에 못이 박혀 있었던 지난 사건도 떠오
르며 감사했습니다. 우리 인생은 하루하루가 주께서 덤으로 주신 시

간이라는 생각이 들면서, 더욱 주님을 위해 살아야겠다고 생각하게 됐습니다.

요단강을 건너 증인의 삶으로!

마지막으로 여호수아 4장 23-24절을 주목해 보겠습니다.

> 너희의 하나님 여호와께서 요단 물을 너희 앞에서 마르게 하사 너희를 건너게 하신 것이 너희의 하나님 여호와께서 우리 앞에 홍해를 말리시고 우리를 건너게 하심과 같았나니 이는 땅의 모든 백성에게 여호와의 손이 강하신 것을 알게 하며 너희가 너희의 하나님 여호와를 항상 경외하게 하려 하심이라 하라(수 4:23-24)

이스라엘 백성들로 요단강을 건너게 하신 하나님께는 한 가지 목적이 있었습니다. 그것은 이 땅의 모든 백성들에게 여호와의 손이 강한 것을 알게 하려는 것입니다. 하나님이 살아계심을 증거하는 것입니다.

사랑하는 여러분, 가득 불어난 요단강을 건너야 하는 것처럼 우리 삶에는 시련과 역경이 닥쳐옵니다. 그럴 때에도 우리는 하나님을 기억하며 거룩한 신앙, 용기 있는 신앙, 인내하는 신앙을 가져야 합니다. 그렇게 요단강을 믿음으로 건널 때 우리는 삶을 통해 하나님을 증거하는 증인이 될 수 있습니다.

제가 정말 좋아하는 선배가 있습니다. 그런데 너무나 안타깝게도 혈액암 판정을 받고 항암치료를 받고 있습니다. 저는 매일 기도하고 며칠에 한 번씩 문자를 보냅니다. 어느 날은 문자를 보내도 답이 없길래 몹시 염려가 되었는데, 그런데 며칠 뒤에 답이 왔습니다. "목사님, 지난 한 주는 너무 힘들어 욥처럼 몇 번씩 죽기를 바라는 마음도 생기더라고요. 다시 정신 차리고 기도하고 찬송하겠습니다." 2차 항암치료를 하고 너무 힘들어서 문자를 보낼 힘도 없었던 것이었습니다. 형의 문자를 본 저는 눈물을 흘렸습니다. 하지만 동시에 하나님의 살아계심을 느낄 수 있었습니다. 하나님이 아니고서는 어디서 그런 용기를 얻을 수 있겠습니까!

우리가 겪는 고난은 단지 우리 자신의 문제가 아닙니다. 그 안에는 하나님의 비밀이 숨어 있습니다. 하나님은 우리의 고난을 통해 더 큰 일을 하고자 하십니다. 우리가 고난을 이기고 성숙한 신앙으로 나아감으로써 세상에 하나님이 살아계신다는 증거를 남기고자 하십니다. 그렇기에 우리는 고난 중에도 하나님을 생각하며 나아가야 합니다. 하나님께서 반드시 우리를 도우실 것입니다. 이 사실을 믿음으로 우리 앞에 있는 요단강을 향해 전진하고 믿음으로 건너가는 여러분들이 되시길 바랍니다. 아멘.

Redemptive-Historical
Sermon

11

다윗의 후손으로
오시는 영원한 왕

(이사야 9:1-7)

다윗의 후손으로 오시는 영원한 왕

1. 전에 고통 받던 자들에게는 흑암이 없으리로다 옛적에는 여호와 께서 스불론 땅과 납달리 땅이 멸시를 당하게 하셨더니 후에는 해변 길과 요단 저쪽 이방의 갈릴리를 영화롭게 하셨느니라
2. 흑암에 행하던 백성이 큰 빛을 보고 사망의 그늘진 땅에 거주하 던 자에게 빛이 비치도다
3. 주께서 이 나라를 창성하게 하시며 그 즐거움을 더하게 하셨으 므로 추수하는 즐거움과 탈취물을 나눌 때의 즐거움 같이 그들 이 주 앞에서 즐거워하오니

4. 이는 그들이 무겁게 멘 멍에와 그들의 어깨의 채찍과 그 압제자의 막대기를 주께서 꺾으시되 미디안의 날과 같이 하셨음이니이다
5. 어지러이 싸우는 군인들의 신과 피 묻은 겉옷이 불에 섶 같이 살라지리니
6. 이는 한 아기가 우리에게 났고 한 아들을 우리에게 주신 바 되었는데 그의 어깨에는 정사를 메었고 그의 이름은 기묘자라, 모사라, 전능하신 하나님이라, 영존하시는 아버지라, 평강의 왕이라 할 것임이라
7. 그 정사와 평강의 더함이 무궁하며 또 다윗의 왕좌와 그의 나라에 군림하여 그 나라를 굳게 세우고 지금 이후로 영원히 정의와 공의로 그것을 보존하실 것이라 만군의 여호와의 열심이 이를 이루시리라

(이사야 9:1-7)

구원자 아기를 기다리는 인류

새로운 생명이 태어나는 것은 이 세상에 새로운 희망이 하나 생겼다는 뜻입니다.[1] 그래서 모든 부모는 아기가 태어나면 큰 기대를 가지고 축복해 줍니다. 이스라엘 백성에게는 한 아이가 태어난다는 것이 독특한 기대로 다가왔습니다. 그것은 창세기 3장 15절의 약속 때문입니다.

> 내가 너로 여자와 원수가 되게 하고 네 후손도 여자의 후손과 원수가 되게 하리니 여자의 후손은 네 머리를 상하게 할 것이요 너는 그의 발 꿈치를 상하게 할 것이니라 하시고(창 3:15)

이 본문을 보통 원시 복음이라고 합니다. 여기서 가장 중요한 것은 여자의 후손이 뱀의 머리를 깨부술 것이라는 말입니다. 아담과 하와의 타락 이후로 세상 모든 사람은 사탄과 죄의 지배 아래 들어가게 되었습니다. 그래서 모든 믿음의 사람들은 사탄의 머리를 깨부수고 죄의 지배로부터 해방시켜 줄 한 아이의 탄생을 기다렸습니다.

본문을 보면 이사야 선지자는 한 아기의 탄생에 대해 예언합니다.[2]

---

1 몰트만, 『시작-끝』이라는 책에 나오는 한 구절이다.

2 이사야서는 교부 이래로 역사상 많은 성경 주석가들이 구약 성경 중에서 가장 중요하게 생각

하고 연구했던 성경이다. 이사야서에는 메시아에 대한 예언이 매우 풍부하다. 이사야서가 제 5복음서라고 불리는 것도 이 까닭이다. 이사야서 주석은 아래의 것이 좋다. 이 중에서 이 설교는 모티어의 주석들을 많이 참조했다. 1996년판은 상당히 문학적인 표현들 속에 중요한 신학적 진리들을 잘 담아내었다. 모티어의 TOTC는 이전 자신의 주석을 많이 반영했는데 너무 간략하다. 오스왈트의 주석도 역시 분량은 두꺼운데 안타깝게도 중요한 면들을 종종 빠뜨리고 있다. J. A. Motyer, *The Prophecy of Isaiah: An Introduction & Commentary* (Downers Grove, IL: InterVarsity Press, 1996); J. Alec Motyer, *Isaiah: An Introduction and Commentary*, vol. 20, Tyndale Old Testament Commentaries (Downers Grove, IL: InterVarsity Press, 1999); John N. Oswalt, *The Book of Isaiah, Chapters 1-39*, The New International Commentary on the Old Testament (Grand Rapids, MI: Eerdmans, 1986); John N. Oswalt, *The Book of Isaiah, Chapters 40-66*, The New International Commentary on the Old Testament (Grand Rapids, MI: Eerdmans, 1998); Gary V. Smith, *Isaiah 1-39*, ed. E. Ray Clendenen, The New American Commentary (Nashville: B & H Publishing Group, 2007); Gary Smith, *Isaiah 40-66*, vol. 15B, The New American Commentary (Nashville, TN: Broadman & Holman Publishers, 2009); John D. W. Watts, *Isaiah 1-33*, Revised Edition, vol. 24, Word Biblical Commentary (Nashville: Thomas Nelson, Inc, 2005); John D. W. Watts, *Isaiah 34-66*, Revised Edition, vol. 25, Word Biblical Commentary (Nashville, TN: Thomas Nelson, Inc, 2005); Steven A. McKinion, ed., *Isaiah 1-39*, Ancient Christian Commentary on Scripture (Downers Grove, IL: InterVarsity Press, 2004); Mark W. Elliott, ed., *Isaiah 40-66*, Ancient Christian Commentary on Scripture (Downers Grove, IL: InterVarsity Press, 2007); Edward Young, *The Book of Isaiah, Chapters 1-18*, vol. 1 (Grand Rapids, MI: Eerdmans, 1965); Edward Young, *The Book of Isaiah, Chapters 19-39*, vol. 2 (Grand Rapids, MI: Eerdmans, 1969); Edward Young, *The Book of Isaiah, Chapters 40-66*, vol. 3 (Grand Rapids, MI: Eerdmans, 1972). 학문적 논의를 위해서는 아래 주석들이 좋다. Brevard S. Childs, *Isaiah: A Commentary*, ed. William P. Brown, Carol A. Newsom, and Brent A. Strawn, 1st ed., The Old Testament Library (Louisville, KY: Westminster John Knox Press, 2001). 차일즈의 주석은 그의 정경비평으로 여러 다른 비평적 관점을 비판하거나 교정하는 역할을 수행한다. Wim Beuken, *Isaiah. Part 2*, Historical Commentary on the Old Testament (Leuven: Peeters, 2000); John Goldingay, *Isaiah*, ed. W. Ward Gasque, Robert L. Hubbard Jr., and Robert K. Johnston, Understanding the Bible Commentary Series (Grand Rapids, MI: Baker Books, 2012).

이 아기는 그 아이의 엄마, 아빠의 기대 정도가 아니라, 인류의 역사 전체를 뒤흔들어놓는 아기입니다. 창세기 3장 15절에 예언된 여자의 후손에 대해 보다 구체적으로 예언하고 있는 것입니다.

겸손의 왕

본문 1절 말씀을 보겠습니다.

전에 고통 받던 자들에게는 흑암이 없으리로다 옛적에는 여호와께서 스불론 땅과 납달리 땅이 멸시를 당하게 하셨더니 후에는 해변 길과 요단 저쪽 이방의 갈릴리를 영화롭게 하셨느니라(사 9:1)

"스불론 땅과 납달리 땅"은 갈릴리 호수의 서쪽에 있던 지역으로, 본문에서는 "고통당했던 지역, 멸시 받았던 지역, 이방에 속했던 지역"으로 묘사되고 있습니다. 그도 그럴 것이 역사적으로 볼 때, 이 지역들은 모두 북이스라엘을 망하게 했던 앗수르가 침입할 때 일차적으로 쳐들어오는 길목에 있었기 때문입니다.

대체적으로 국경 지역에 사는 사람들은 문화 혜택을 잘 못 받고 살아갑니다. 그 지역에 무슨 대단한 건물들을 짓거나 상권(商圈)을 형성할 수 없습니다. 언제든지 적군이 쳐들어 올 수 있기 때문입니다. "스불론 땅과 납달리 땅"의 상황이 그러했습니다. 그곳에 살던 사람들은 주전 733년 앗수르가 군사 원정을 일으켰을 적에 가장 큰 피해를 입었습니다(디글랏 빌레셀의 비문 참조). 이방인이 점령해 버린 것이지요. 그래서 "이방의 갈릴리"라고 불립니다.[3] 이곳 사람들은 언제나 불안과 두려움 속에서 살았습니다. 그들은 같은 이스라엘 백성이면서도 무시를 당했습니다. 이들의 마음은 허허벌판과 같이 황량했습니다. 그런데 다윗의 후손으로 오시는 메시아는 바로 이 지역부터 회복하십니다.

마태복음 4장 15-16절을 보면 이런 말씀이 있습니다.

> 스불론 땅과 납달리 땅과 요단 강 저편 해변 길과 이방의 갈릴리여 흑암에 앉은 백성이 큰 빛을 보았고 사망의 땅과 그늘에 앉은 자들에게 빛이 비치었도다 하였느니라(마 4:15-16)

마태는 이사야서 9장의 말씀이 바로 예수 그리스도를 통해 이뤄진다고 말합니다. 적군의 정복으로 가장 큰 피해를 입었던 곳에 하나님의 구원의 서광이 비치기 시작합니다.

지금도 하나님의 사랑은 버림 받은 사람들, 주목 받지 못하는 곳에 먼저 주어집니다. 하나님의 사랑은 가장 낮은 곳부터 임하기 때문

---

3 Motyer, *The Prophecy of Isaiah*, 9:1 주석.

입니다. 왜 예수님께서 아기의 모습으로 오셨을까요? 아기는 누구나 쉽게 접근하여 다가갈 수 있기 때문입니다. 예수님께서 베들레헴 구유에서 태어나신 이유도 마찬가지입니다. 헤롯의 큰 궁전에서 태어나면 적어도 귀족 정도는 되어야 예수님을 만날 수 있었을 것입니다. 예수님은 낮고 천한 자들도 자신에게 올 수 있도록 낮은 자리에 임하셨습니다. 지금도 성령님은 언제나 낮은 곳에 임합니다. 우리가 낮은 곳에 있을 때, 상한 마음으로 있을 때, 마음을 낮출 때, 그때 성령님은 우리에게 임하십니다. 이런 사실을 안다면, 우리 역시 이 세상의 소외된 자들에게 찾아갈 수 있어야 합니다. 그것이 바로 메시아의 삶과 정신을 본받는 길입니다.

진리의 왕

2-4절 말씀을 보겠습니다.

> 흑암에 행하던 백성이 큰 빛을 보고 사망의 그늘진 땅에 거주하던 자에게 빛이 비치도다 주께서 이 나라를 창성하게 하시며 그 즐거움을 더하게 하셨으므로 추수하는 즐거움과 탈취물을 나눌 때의 즐거움 같이 그들이 주 앞에서 즐거워하오니 이는 그들이 무겁게 멘 멍에와 그들의 어깨의 채찍과 그 압제자의 막대기를 주께서 꺾으시되 미디안의 날과 같이 하셨음이니이다(사 9:2-4)

본문에서는 주님의 은혜가 큰 빛과 같이 임한다고 말하고 있습니다. 어둠의 땅, 버려진 땅에 하나님의 구원의 빛이 임합니다. 그 때 그들은 즐거워하게 됩니다. 그 기쁨은 추수 때의 기쁨, 혹은 전쟁에서 승리했을 때의 감격입니다. 이것은 인간이 누릴 수 있는 가장 큰 감동을 말합니다. 4절에서 미디안의 날과 같게 하셨다는 것은 기드온이 미디안을 물리치고 스불론과 납달리 지역을 구원했기 때문입니다.[4] 그런 온전한 기쁨이 흑암에 거하던 백성들에게 주어집니다.

여기 나오는 큰 빛, 즐거움, 적군을 물리치는 상황은 모두 구약 성경에서 다윗의 후손으로 오시는 왕을 묘사할 때 자주 등장하는 주제들입니다.[5] 다윗의 후손으로 오시는 메시아는 이 모든 것을 가져다주십니다.

그분은 바로 종말의 메시아이신 우리 주 예수 그리스도입니다.[6] 예수님은 이 세상에 임하신 참 빛이셨습니다. 요한복음 1장 9절에서는 예수님을 가리켜 "참 빛 곧 세상에 와서 각 사람에게 비추는 빛이 있

---

4 Motyer, *The Prophecy of Isaiah*, 9:4 주석.

5 구약 성경에 나오는 다윗의 모티프는 아래와 같다. 큰 빛의 등장(삼하 23:4; 시편 110:3; 118:24, 27); 즐거움(시편 118:15, 24; 132:9, 16); 적군을 물리침(시편 2:2, 8 – 9; 72:4, 14; 89:23; 110:1, 5 – 6; 132:18); 불로 태움(삼하 23:7; 시편 21:9; 118:12); 영원한 왕권(시편 2:8 – 9; 21:4; 61:6 – 7; 89:3 – 4, 28 – 29, 36 – 37; 132:11 – 12). Motyer, *The Prophecy of Isaiah*, 9:1 주석.

6 Oswalt, *The Book of Isaiah*, 1:245.

었나니"라고 합니다. 예수님은 우리들에게 기쁨과 즐거움을 주시는 분입니다. 예수님을 만난 사람들은 삭개오처럼 하나같이 크게 즐거워 했습니다(눅 19:6). 예수님은 영적인 전쟁에서 승리하신 왕입니다. 예수님은 죄악의 포로가 된 사람들에게 하나님의 자유를 주신 분입니다.

지금도 진리의 말씀이 우리 마음에 임하면 이러한 변화가 생깁니다. 빛이 우리 영혼에 비칩니다. 즐거움이 넘쳐납니다. 죄의 쇠사슬이 끊기고, 새 사람이 됩니다. 사탄적인 말과 생각의 포로가 된 사람이 이제는 해방되어 승리를 누립니다. 이것이 인간이 누릴 수 있는 가장 큰 감동입니다. 사랑하는 여러분, 우리가 누리는 기쁨도 다 같은 기쁨은 아닙니다. 감동도 다 같은 것이 아닙니다. 메시아이신 예수님께서 주시는 구원의 감동과 기쁨이야말로 가장 큰 것입니다.

구원의 왕

5-6절은 본문의 핵심 구절입니다.

> 어지러이 싸우는 군인들의 신과 피 묻은 겉옷이 불에 섶 같이 살라지리니 이는 한 아기가 우리에게 났고 한 아들을 우리에게 주신 바 되었

는데 그의 어깨에는 정사를 메었고[7] 그의 이름은 기묘자라, 모사라, 전
능하신 하나님이라, 영존하시는 아버지라, 평강의 왕이라 할 것임이라
(사 9:5-6)

전쟁이 많았던 지역에 진정한 평화가 도래할 것인데, 그 이유는 한
아기가 날 것이기 때문이라고 본문은 말씀하고 있습니다. 이사야가
이 말씀을 전할 당시에도 날마다 여기저기에서 아기들이 태어났습니
다. 그런데 도대체 한 아기의 출생이 뭐 그렇게 대단한 일이라고 이사
야는 그토록 열광하는 것입니까? 그 아이가 보통 아기가 아니기 때문
입니다. 우리는 그 사실을 그 아이의 이름에서 알 수 있습니다. 성경에
나오는 모든 사람의 이름은 의미가 있습니다. 그런데 오늘 본문에 예
언된 아기는 하나님께서 친히 주신 이름을 갖고 있습니다. 한글 성경
에는 그 이름이 5개처럼 보이지만, 히브리어 성경을 보면 4개가 나옵
니다.[8] 그것은 "기묘한 모사(謀士), 용사이신 하나님, 영원의 아버지, 평

---

7   McKinion, ed., *Isaiah 1-39*, 71. 순교자 유스티누스는 "그의 어깨에는 정사를 메었고"라는
     구절에서 예수님께서 어깨에 지신 십자가를 묵상하였다(*FIRST APOLOGY* 35: ANF 1:174). 문자
     적 해석의 측면에서 보면 이상해 보이는 주석이지만, 메시아께서 지니신 "정사(政事)"는 십자
     가의 능력이었음을 생각할 때, 그렇게 틀린 주석은 아니라 생각한다. 교부들의 주석에서 이사
     야 9:6은 엄청난 분량을 차지하는 고전적인 본문(locus classicus)이다.

8   이집트 왕이 다섯 개의 이름을 가진 것과 이 이름들을 비교함으로써 이 이름들이 가진 "신적
     인 성격"을 약화시키려는 주석가들이 있는데 오스왈트는 3가지 이유들을 들어서 그것을 반

화의 왕"입니다. 아기 이름치고 아주 독특한 이름이지요. 이 이름을 통하여 우리는 메시아가 어떤 분이시며(인격), 무엇을 하는 분이신지(사역) 알 수 있습니다.

첫째, 메시아는 기묘한 모사자입니다. 메시아는 기묘한 것을 생각해 내시고, 그것을 이루시는 분입니다. 신약 성경을 보면 얼마나 많은 사람들이 얼마나 다양한 문제를 들고 예수님께 나오는지 모릅니다. 주님은 그 많은 인생의 문제에 가장 적합한 답을 주셨습니다. 지금도 우리가 예수님께 기도하는 이유가 이것이지요. 예수님만이 우리의 모든 문제에 대해서 기가 막힌 답을 주시고, 그것을 이뤄주심을 알고 믿고 기대하기 때문입니다.[9]

둘째, 메시아는 용사이신 하나님입니다. 사탄의 권세에 묶여 있던 사람들을 위해서, 그들 대신 싸워주시고, 그들에게 자유와 해방을 주시는 분이십니다. 심각한 군대 귀신 들린 자도, 주님께서 싸워주실 때 사탄의 결박이 풀어졌습니다(막 5:15). 지금도 주님은 그 일을 하십니다. 사탄의 권세는 오직 예수 그리스도의 이름으로 멸할 수 있습니다.

박하고 있다. 첫째, 여기 나오는 이름들은 5개가 아니라 4개이다. 둘째, 여기는 왕 대관식이 아니라 왕의 출생에 대해 말하고 있다. 셋째, 이집트에서는 왕들을 신들로 보았지만, 이스라엘에서는 그렇게 보지 않았다. 따라서 여기 나오는 예언은 이스라엘의 왕들과는 다른, 아주 특수한 왕의 오심, 즉 하나님이자 사람인 왕의 오심에 대한 예언이다. Oswalt, *The Book of Isaiah*, 1:246.

9 참조. 사 55:9; 고전 1:30; 엡 1:17.

셋째, 메시아는 영원의 아버지이십니다. 아기에게 아버지라는 이름을 붙이니 좀 어색할지 모르겠습니다. 여기서 아버지란, 나이가 많다고 해서, 또는 자식을 낳았다고 해서 붙여진 이름이 아닙니다. 구약성경을 보면, 우주의 창조자이자 운행자를 아버지라고 불렀습니다. 오늘 이 아기가 영원의 아버지라고 불리는 이유는, 장차 오실 메시아야말로 영원의 근원이 되신다는 말입니다. 실제로 주님께 나온 사람들은 모두 다 영생, 즉 영원하고 영화로운 생명을 얻었습니다. 우리 역시 영원한 것을 원한다면 반드시 예수 그리스도께로 가야 합니다.[10]

네 번째로, 메시아는 평화의 왕이라는 이름을 가집니다. 예수님께서 태어나실 때, 천군천사들이 이렇게 노래했습니다.

지극히 높은 곳에서는 하나님께 영광이요 땅에서는 하나님이 기뻐하신 사람들 중에 평화로다 하니라(눅 2:14)

예수님께서 오시자 온 땅에 평화가 임합니다. 예수님께서 출생하실 당시에는 "로마의 평화(Pax Romana)"의 시대였습니다. 그 시대는 아우구스투스 황제 때(B.C. 27-A.D. 14)부터 마르쿠스 아우렐리우스 황제

---

10 Warren W. Wiersbe, *Be Comforted (Isaiah): Feeling Secure in the Arms of God*, 2nd ed. (Colorado Springs, CO: David C. Cook, 2009)에서 해당 부분 참조.

때(A.D. 161-180)까지 지중해 세계가 비교적 안정을 누렸던 시기를 말합니다. 하지만 로마의 평화는 무력과 폭력으로 얻은 일시적 평화였습니다. 그런 평화는 억압과 반대파들이 있을 수밖에 없는 불완전한 평화입니다. 예수님이 주시는 평화는 그런 것이 전혀 없는 진정한 평화입니다. 바로 이런 왕이 우리에게 오실 때 우리는 참된 안식을 누리게 됩니다. 우리가 사는 21세기는 그 어느 때보다도 분열이 심한 시대입니다. 정치적 분열, 경제적 분열, 세대 간 분열, 인종적 분열, 종교적 분열 등등. 이러한 분열의 시대에 우리가 추구해야 하는 것은 평화의 왕 메시아께서 주시는 화해와 화목입니다.

"우리에게" 이미 오신 왕

마지막으로 살펴볼 내용은, 이 왕을 하나님께서 이미 우리에게 주셨다는 말씀입니다.

> 그 정사와 평강의 더함이 무궁하며 또 다윗의 왕좌와 그의 나라에 군림하여 그 나라를 굳게 세우고 지금 이후로 영원히 정의와 공의로 그것을 보존하실 것이라 만군의 여호와의 열심이 이를 이루시리라(사 9:7)

사무엘하 7장을 보면, 다윗에게 주신 언약이 나옵니다. 오늘 본문에서 이사야 선지자는 그 왕이 반드시 오셔서 영원히 정의와 공의로 그것을 보존하실 것이라고 예언합니다. 그리고 이어서, 만군의 여호와의 열심이 이를 이루시리라고 합니다. 하나님께서 반드시 다윗의 후손으로 오실 메시아를 보내주신다는 말씀입니다.

오늘 본문에서 두드러지는 것은 종말을 바라보는 비전입니다.[11] 모든 신실한 하나님의 백성들이 사모하는 그 미래입니다. 우리가 해마다 보내는 성탄절은 그 메시아께서 진실로 오셨다는 사실을 알려줍니다. 인류가 오랫동안 기다렸던 그 메시아! 그분이 오셨습니다! 만군의 여호와의 열심이 그것을 이룬 것입니다. 메시아는 정말 아기의 모습으로 우리 가운데 오셨습니다. 그 아기는 자라서, 예언의 말씀대로 "기묘한 모사(謀士), 용사이신 하나님, 영원의 아버지, 평화의 왕"으로 활동하셨습니다. 그분이 우리 주 예수 그리스도이십니다.

중요한 것은 그 왕이 지금도 우리 곁에 와 계신다는 사실입니다. 우리가 그 왕을 붙들고 나아가면 우리에게, 주님의 지혜, 주님의 승리, 주님의 영생, 주님의 평화가 주어집니다. 문제는 무엇입니까? 그 왕이 우리에게 이미 주어졌다는 사실을 망각하고 지내는 것입니다.

---

11 Childs, *Isaiah: A Commentary*, 80: "그것의 의미를 결정하는 데 있어서 훨씬 더 중요한 것은 그 예언의 현저한 종말론적 움직임을 인식하는 일이다." 나는 구약 이스라엘의 신앙의 아주 독특한 점은 종말론적 소망 가운데 살았으며, 그 소망 가운데 민족적/개인적 역사에 반응했다는 점이라 생각한다.

사람들은 어려울 때는 예수 그리스도를 마음의 중심에 모시다가도, 아무 문제가 없고 혼자서도 잘 살 것 같으면 예수님을 슬그머니 뒤쪽으로 밀어내 버립니다. 그런 생활이 반복되면, 예수를 믿는다고 말은 하지만, 매주 교회는 나오지만, 실제로 주님과는 전혀 상관없는 사람이 됩니다.

　　하나님께서 우리에게 주신 분은 우리의 왕이신데, 우리는 과연 그분을 왕으로서 대접해 드리고 있을까요? 우리에게 주신 아기 예수 그리스도를 다시금 여러분 마음 중심에 모시기 바랍니다. 그러면 주님은 여러분의 삶의 중심에서 날마다 기적을 베풀어 주실 것입니다. 여러분의 삶이 예수 그리스도께서 주시는 지혜와 평강이 가득한 삶이 되시길 바랍니다. 그리고 메시아의 사람이 되어서 그 지혜와 평강을 가난하고 소외된 자들에게 나눠주는 사람이 되시길 바랍니다. 아멘.

✝

Redemptive-Historical
Sermon

12

언약의 시대들과
거짓말의 위험성

(잠언 12:22)

언약의 시대들과 거짓말의 위험성

22. 거짓 입술은 여호와께 미움을 받아도 진실하게 행하는 자는 그
의 기뻐하심을 받느니라

(잠언 12:22)

제9계명의 의미

제9계명은 거짓증언하지 말라는 계명입니다. 이 말씀은 좁은 의미에서는 재판 받을 때 거짓 증거하지 말라는 말씀이지만, 웨스트민스터 소교리문답이 가르치는 것처럼 넓게 이해한다면, 거짓말하지 말고 진실을 말하라는 계명으로 이해할 수 있습니다.

언약의 의미와 중요한 언약 시대들

언약은 말씀 언(言), 약속 약(約), 즉 하나님의 말씀으로 된 약속입니다. 그 핵심 내용은 "나는 너희 하나님이 되고, 너희는 내 백성이 되리라"는 것입니다. 언약을 구체적으로 정의하면, "하나님께서 믿는 자와 그들의 자녀들에게 약속과 사명을 주시기 위해 주권적으로 그리고 은혜로 세우신 연합과 교제의 결합"을 뜻합니다.[1] 언약이란 단어는 구약 성경(berith)에 286번 이상, 신약 성경(diatheke)에 33번 이상 나옵니다. 또한 언약이라는 단어가 직접 나오지 않는 곳에서도 언약적 관계를 드러내는 곳이 많습니다.

---

1 윌리엄 드용(William DeJong: Covenant Reformed Church)의 정의를 좀 더 발전시킨 것이다.

성경에 나오는 중요한 언약은, 아담 언약, 아브라함 언약, 모세 언약, 다윗 언약, 그리스도 안에서의 새 언약 등이 있습니다. 이 설교에서는 중요한 언약 시대들 가운데 거짓말이 늘 나타났다는 것을 설명하려고 합니다. 각 언약의 시대들마다 거짓말이 언약 파괴의 원인이나 징후가 되었습니다.

아담 언약과 거짓말의 문제

먼저 아담 언약을 생각해 보겠습니다. 아담 언약의 내용은 창세기 1장과 2장에 나옵니다.

> 하나님이 그들에게 복을 주시며 하나님이 그들에게 이르시되 생육하고 번성하여 땅에 충만하라, 땅을 정복하라, 바다의 물고기와 하늘의 새와 땅에 움직이는 모든 생물을 다스리라 하시니라(창 1:28)

> 여호와 하나님이 그 사람에게 명하여 이르시되 동산 각종 나무의 열매는 네가 임의로 먹되 선악을 알게 하는 나무의 열매는 먹지 말라 네가 먹는 날에는 반드시 죽으리라 하시니라(창 2:16-17)

이렇게 하나님은 세상의 대리 통치자로 아담과 하와를 세우셨습니다. 그리고 그들에게 한 가지 금지 명령을 주셨습니다. 선악을 알게 하는 나무의 열매는 먹지 말라는 것입니다. 그것을 먹는 날에 그들은 반드시 죽을 것입니다. 하나님은 먹는 것에 말씀을 걸어놓으심으로써 아담과 하와가 먹을 때마다 하나님의 대리 통치자라는 것을 기억하게 하셨습니다.

하지만 그들은 하나님의 대리 통치자가 되는 것에 만족하지 않았습니다. 스스로 왕이 되기를 원했습니다. 창세기 3장에 보면 그 과정이 나옵니다. 1절부터 4절 말씀입니다.

> 그런데 뱀은 여호와 하나님이 지으신 들짐승 중에 가장 간교하니라 뱀이 여자에게 물어 이르되 하나님이 참으로 너희에게 동산 모든 나무의 열매를 먹지 말라 하시더냐 여자가 뱀에게 말하되 동산 나무의 열매를 우리가 먹을 수 있으나 동산 중앙에 있는 나무의 열매는 하나님의 말씀에 너희는 먹지도 말고 만지지도 말라 너희가 죽을까 하노라 하셨느니라 뱀이 여자에게 이르되 너희가 결코 죽지 아니하리라 (창 3:1-4)

1절에서 뱀은 "동산 모든 나무의 열매를 먹지 말라 하시더냐?"라며 하나님의 말씀을 비틉니다. 하나님은 동산 모든 나무의 실과를 먹게 하셨습니다. 다만 선과 악을 알게 하는 나무의 열매만을 못 먹게 하셨습니다. 뱀이 거짓말을 유도한 것입니다. 2절에서 여자는 "동산 중앙에 있는 나무의 열매는 하나님의 말씀에 너희는 먹지도 말고 만지지도 말라 너희가 죽을까 하노라 하셨느니라."라고 합니다. 여기서 하와는 하나님의 말씀에 "만지지도 말라 너희가 죽을까 하노라."라는 내용을 덧붙입니다. 하와 역시 거짓말을 하고 있습니다. 그러자 3절에서 뱀이 여자에게 "너희가 결코 죽지 아니하리라."라고 합니다. 이것은 하나님의 말씀을 제거해 버리는 것으로서 거짓말입니다. 이단은 크게 보아 세 가지가 있습니다. 비틀기 이단, 더하기 이단, 빼기 이단입니다. 첫 타락에서 이 세 가지 형태의 이단이 다 나타납니다. 이 모든 것은 거짓말의 형태로 나타났습니다.

아담과 하와가 타락한 이후에 하나님께서 그들에게 나타나셨습니다. 11절부터 13절 말씀입니다.

> 아담이 이르되 하나님이 주셔서 나와 함께 있게 하신 여자 그가 그 나무 열매를 내게 주므로 내가 먹었나이다 여호와 하나님이 여자에게 이르시되 네가 어찌하여 이렇게 하였느냐 여자가 이르되 뱀이 나를 꾀므로 내가 먹었나이다(창 3:11-13)

아담은 자기 잘못을 고백하지 않고 하나님께서 주신 "그 여자"가 나에게 선악과를 주어서 먹었다고 대답합니다. 하와 역시 자기 잘못은 숨기고 뱀이 꾀어서 먹었다고 말합니다. 이 최초의 죄 안에서부터 거짓말이 들어있음을 알게 됩니다. 아담의 말 속에 있는 거짓이 무엇입니까? 자기가 욕심에 이끌려 죄를 지었으면서도 아내 탓을 한 것입니다. 우리말 번역에는 "하나님이 주셔서 나와 함께 있게 하신 여자"라고 했는데, 사실은 "하나님이 주셔서 나와 함께 있게 하신 그 여자"라고 번역하는 것이 좋습니다. 故 옥한흠 목사님은 아담이 자기 아내를 "그 여자"라고 말한 이 순간부터 인간에게 외로움이 찾아오기 시작했을 것이라고 말했습니다. 하와의 심정을 잘 읽어낸 것 같습니다. 그러나 하와의 말 속에도 역시 거짓이 있습니다. 자기가 욕심에 이끌려 죄를 지었으면서 "뱀이 나를 꾀므로 내가 먹었나이다."라고 얼버무리고 있습니다. 요한일서 1장 8절에서는 "만일 우리가 죄가 없다고 말하면 스스로 속이고 또 진리가 우리 속에 있지 아니할 것이요"라고 말씀합니다. 인간이 제일 자주 하는 거짓말이 무엇입니까? "나는 죄가 없다"는 거짓말입니다. 이것은 책임 회피이고 기만이며 거짓말입니다. 그런데 이 흔한 거짓말이 첫 조상인 아담과 하와의 첫 범죄 속에 나타나고 있습니다.

아브라함 언약과 거짓말의 문제

우리는 첫 언약인 아담 언약이 파기될 때 거짓말이 나타난 것을 보았습니다. 이렇게 첫 언약이 파기되었지만 하나님은 인간들을 버리지 않으셨습니다. 하나님은 다시 언약을 맺으셨습니다. 아담 언약 다음으로 중요한 것이 아브라함 언약입니다. 창세기 12장 1-3절 말씀입니다.

여호와께서 아브람에게 이르시되 너는 너의 고향과 친척과 아버지의 집

을 떠나 내가 네게 보여 줄 땅으로 가라 내가 너로 큰 민족을 이루고 네게
복을 주어 네 이름을 창대하게 하리니 너는 복이 될지라 너를 축복하는
자에게는 내가 복을 내리고 너를 저주하는 자에게는 내가 저주하리니
땅의 모든 족속이 너로 말미암아 복을 얻을 것이라 하신지라(창 12:1-3)

이 말씀에서 아브람은 다섯 가지 약속을 받습니다.

1. 땅　　－ 너는 땅을 차지하게 될 것이다.
2. 자손 － 너는 큰 민족을 이룰 것이다.
3. 이름 － 네 이름이 창대하게 될 것이다.
4. 관계 － 너를 축복하는 자는 내가 축복하고 너를 저주하는 자는 내
　　　　　가 저주할 것이다.
5. 복　　－ 너는 복이 될 것이다.

　이 다섯 가지 약속은 너무나 중요합니다. 구약의 역사는 이 약속
이 펼쳐지는 역사이기 때문입니다. 이 약속을 받음으로써, 아브람은
하나님 나라의 대서사시 안으로 들어가게 되었습니다. 여기서 중요한
것은 땅과 씨입니다. 하나님 나라의 3요소가 주권, 국민, 영토라고 할
때 주권은 하나님께 있습니다. 하나님은 이제 국민과 영토에 대해서
약속을 주셨습니다.
　그런데 같은 12장에 보면 이런 이야기가 나옵니다. 10-13절 말씀
입니다.

그 땅에 기근이 들었으므로 아브람이 애굽에 거류하려고 그리로 내려 갔으니 이는 그 땅에 기근이 심하였음이라 그가 애굽에 가까이 이르렀 을 때에 그의 아내 사래에게 말하되 내가 알기에 그대는 아리따운 여인 이라 애굽 사람이 그대를 볼 때에 이르기를 이는 그의 아내라 하여 나 는 죽이고 그대는 살리리니 원하건대 그대는 나의 누이라 하라 그러면 내가 그대로 말미암아 안전하고 내 목숨이 그대로 말미암아 보존되리 라 하니라(창 12:10-13)

아브람이 약속의 땅으로 갔지만 그 땅에 기근이 있어서 양식을 구 하러 애굽으로 내려갔습니다. 거기서 아브람은 아내에게 거짓말을 하 라고 시킵니다. 아브람은 애굽 사람이 사래의 아름다움을 보고 자기 를 죽이고 사래를 취할까봐 아내가 자신을 누이라 하라고 했습니다. 바로는 사래를 정말 아내로 취할 뻔합니다. 이때 하나님께서 개입하셔 서 사래를 구출하십니다. 이 사건을 통해서 알 수 있는 것은 무엇입니 까? 아브람의 거짓말 때문에 하나님의 언약이 파기될 뻔했다는 사실 입니다. 만일 하나님께서 개입하지 않으셨다면, 아브람과 사래를 통해 서 이뤄질 그 후손에 대한 약속이 깨어질 뻔했습니다. 이처럼 아브라 함 언약에서도 인간의 거짓말이 위기를 초래합니다. 하지만 언약에 신 실하신 하나님은 다시금 언약의 역사를 이어가십니다.

모세 언약과 거짓말의 문제

세 번째로 나오는 중요한 언약은 모세 언약입니다. 출애굽기 19장 5-6절입니다.

> 세계가 다 내게 속하였나니 너희가 내 말을 잘 듣고 내 언약을 지키면 너희는 모든 민족 중에서 내 소유가 되겠고 너희가 내게 대하여 제사장 나라가 되며 거룩한 백성이 되리라 너는 이 말을 이스라엘 자손에게 전할지니라(출 19:5-6)

출애굽 한 이후에 하나님은 이스라엘 백성들과 시내산에서 언약을 맺으십니다. 그들이 하나님의 말씀을 잘 듣고 언약을 지키면 그들을 하나님의 특별한 소유(히, 세굴라)로 삼겠다고 하십니다. 그리고 그들이 제사장 나라가 되어 온 열방을 구원할 민족이 되게 하겠다고 하셨습니다. 아브라함 언약이 가진 다섯 가지 약속이 보다 구체화되고 있습니다. 하나님은 이스라엘 백성들이 지켜야 할 말씀을 주시기 위해 모세를 시내산으로 부르셨고, 십계명부터 시작하여 율법을 주셨습니다(출 20장).

그런데 모세가 산 위에서 율법을 받는 동안 산 아래에서는 어떤 일이 벌어지고 있었습니까? 출애굽기 32장 1-4절을 보면 아론은 큰일 날 행동을 하고 있습니다.

백성이 모세가 산에서 내려옴이 더딤을 보고 모여 백성이 아론에게 이르러 말하되 일어나라 우리를 위하여 우리를 인도할 신을 만들라 이 모세 곧 우리를 애굽 땅에서 인도하여 낸 사람은 어찌 되었는지 알지 못함이니라 아론이 그들에게 이르되 너희의 아내와 자녀의 귀에서 금 고리를 빼어 내게로 가져오라 모든 백성이 그 귀에서 금 고리를 빼어 아론에게로 가져가매 아론이 그들의 손에서 금 고리를 받아 부어서 조각 칼로 새겨 송아지 형상을 만드니 그들이 말하되 이스라엘아 이는 너희를 애굽 땅에서 인도하여 낸 너희의 신이로다 하는지라(출 32:1-4)

백성들의 원망이 커지자 백성들이 가진 금 고리를 모으고, 그것을 부어서 조각칼로 새겨 송아지 우상을 만듭니다. 백성을 달래기 위해 그는 금송아지가 여호와 하나님이라고 거짓말을 합니다. 산에서 내려온 모세가 그 악한 상황을 보고 아론을 탓합니다. 그러자 아론은 24절에서 이렇게 말합니다.

내가 그들에게 이르기를 금이 있는 자는 빼내라 한즉 그들이 그것을 내게로 가져왔기로 내가 불에 던졌더니 이 송아지가 나왔나이다(출 32:24)

어떻게 금을 불에 던지면 송아지가 나옵니까? 사실은 아론이 조각칼로 새겨 송아지 형상을 만든 것이었습니다. 아론은 지금 언약을 완전히 파기하는 거짓말을 행하고 있습니다. 이런 죄악 가운데서도 은혜의 하나님은 다시금 언약의 역사를 이어가십니다.

다윗 언약과 거짓말의 문제

거짓말이 언약을 깨뜨리는 위기를 초래하는 경우는 다윗 언약에도 나옵니다. 사무엘하 7장에서 하나님은 다윗에게 위대한 약속을 주십니다.[2] 8절, 9절 말씀입니다.

그러므로 이제 내 종 다윗에게 이와 같이 말하라 만군의 여호와께서 이와 같이 말씀하시기를 내가 너를 목장 곧 양을 따르는 데에서 데려다 가 내 백성 이스라엘의 주권자로 삼고 네가 가는 모든 곳에서 내가 너

---

2 사무엘상하 주석은 아래의 책들이 좋다. Robert D. Bergen, *1, 2 Samuel*, vol. 7, The New American Commentary (Nashville: Broadman & Holman Publishers, 1996); Joyce G. Baldwin, *1 and 2 Samuel: An Introduction and Commentary*, vol. 8, Tyndale Old Testament Commentaries (Downers Grove, IL: InterVarsity Press, 1988); David Tsumura, *The First Book of Samuel*, The New International Commentary on the Old Testament (Grand Rapids, MI: Wm. B. Eerdmans Publishing Co., 2007); David Tsumura, *The Second Book of Samuel*, The New International Commentary on the Old Testament (Grand Rapids, MI: Wm. B. Eerdmans Publishing Co., 2019); P. Kyle McCarter Jr., *I Samuel: A New Translation with Introduction, Notes and Commentary*, vol. 8, Anchor Yale Bible (New Haven; London: Yale University Press, 2008); P. Kyle McCarter Jr, *II Samuel: A New Translation with Introduction, Notes, and Commentary*, vol. 9, Anchor Yale Bible (New Haven; London: Yale University Press, 2008); Dale Ralph Davis, *1 Samuel: Looking on the Heart*, Focus on the Bible Commentary (Scotland: Christian Focus Publications, 2000); Dale Ralph Davis, *2 Samuel: Out of Every Adversity*, Focus on the Bible Commentary (Great Britain: Christian Focus Publications, 2002); Walter Brueggemann, *First and Second Samuel*, Interpretation, a Bible Commentary for Teaching and Preaching (Louisville, KY: John Knox Press, 1990).

와 함께 있어 네 모든 원수를 네 앞에서 멸하였은즉 땅에서 위대한 자들의 이름 같이 네 이름을 위대하게 만들어 주리라(삼하 7:8-9)

다윗의 후손이 계속해서 백성들의 왕이 되리라는 것, 이것이 바로 다윗 언약의 핵심입니다. 이것은 아브라함에게 주셨던 하나님 나라에 대한 비전이 구체화 된 것입니다. 그리하여 다윗은 아브라함과 더불어 이스라엘 민족의 가장 위대한 신앙의 조상이 되었습니다.

그런데 성경 한 장을 넘겨 사무엘하 11장을 보면 다윗과 밧세바 사건이 나옵니다. 다윗이 우리아의 아내인 밧세바와 간통을 했습니다. 밧세바는 임신을 합니다. 하지만 다윗은 그 사실을 숨기고자, 전쟁 중에 있던 우리아를 불러들여 아내 밧세바와 동침하도록 유도하였습니다. 하지만 우리아는 아내와 동침하지 않았습니다. 하나님의 백성들이 전쟁 중에 있었기 때문입니다(삼하 11:11). 이튿날 다윗은 우리아에게 술이 취하도록 하고 다시 아내와 동침하도록 유도했지만 우리아는 여전히 아내와 동침하지 않았습니다. 다윗은 자신의 거짓된 행동이 탄로나는 것을 막기 위해 우리아로 하여금 혼자 감당할 수 없는 전쟁의 궁지로 몰아넣고 그를 죽게 만듭니다.

이 사건에도 역시 다윗의 거짓이 들어 있습니다. 그는 간통을 거짓으로 숨기려 했습니다. 그것이 잘 되지 않자 거짓된 행동을 통해 우리아를 죽게 했습니다. 다윗은 간통을 숨기고 살인을 저지르는 과정에서 우리아를 두 번이나 속인 것입니다.

12장을 보면 나단 선지자가 와서 다윗의 죄를 지적했을 때 다윗은 회개합니다. 하지만 이 일을 통해 하나님께서 다윗에게 주신 언약은 큰 손상을 입었습니다. 이 사건 이후로 다윗의 가문에는 잔인하고 고통스러운 사건들이 계속 일어나게 되었습니다.

새 언약과 거짓말의 문제

인간의 거짓말이 하나님의 언약을 위태롭게 만드는 것은 예수 그리스도께서 주시는 새 언약의 경우도 마찬가지입니다. 누가복음 22장 20절을 보면 주님은 잡히시기 전에 최후의 만찬을 하시면서 새 언약을 세우셨습니다.

> 저녁 먹은 후에 잔도 그와 같이 하여 이르시되 이 잔은 내 피로 세우는
> 새 언약이니 곧 너희를 위하여 붓는 것이라(눅 22:20)

새 언약은 이전에 나온 모든 언약의 완성입니다. 예수님 안에서 하나님의 나라가 최종적으로 세워집니다. 그러나 최후의 만찬에 이어서 예수님께서 수난 당하시고 십자가에 달려 죽으시는 사건을 보면 인간의 온갖 욕망에서 나온 거짓말이 난무합니다. 주님을 십자가에 못 박게 한 사람은 대표적으로 가룟 유다와 유대의 종교 지도자들과 빌라

도입니다.

가룟 유다가 왜 예수님을 배신했는지에 대한 의견은 분분합니다. 그 중에 확실한 것은 돈에 대한 탐심 때문입니다. 요한복음 12장 6절에 보면 가룟 유다는 열두 제자들 가운데서 돈궤를 맡은 사람이었다고 소개합니다. 하지만 그는 그 돈을 훔쳐 갔다고 말합니다.

> 이렇게 말함은 가난한 자들을 생각함이 아니요 그는 도둑이라 돈궤를 맡고 거기 넣는 것을 훔쳐 감이러라(요 12:6)

바로 돈 때문에 가룟 유다는 예수님을 배신합니다. 마가복음 14장 44-46절에서 유다는 거짓된 행동으로 예수님을 로마 군병들에게 넘겨줍니다.

> 예수를 파는 자가 이미 그들과 군호를 짜 이르되 내가 입맞추는 자가 그이니 그를 잡아 단단히 끌어 가라 하였는지라 이에 와서 곧 예수께 나아와 랍비여 하고 입을 맞추니 그들이 예수께 손을 대어 잡거늘(막 14:44-46)

가룟 유다는 스승을 은 삼십에 팔아넘기기 위해, 우리 돈으로 약 천 만원에 팔아넘기기 위해서, 사람들에게 예수님 계신 곳을 알려줍니다. 그리고 스승에게 입을 맞춥니다. 역사상 가장 거짓된 입맞춤이라고 할 수 있습니다. 유대의 종교지도자들은 또 어떻습니까? 그들 역시 예수님을 죽이기 위해서 거짓말을 이용합니다.

> 대제사장들과 온 공회가 예수를 죽이려고 그를 칠 증거를 찾되 얻지 못
> 하니 이는 예수를 쳐서 거짓 증언 하는 자가 많으나 그 증언이 서로 일
> 치하지 못함이라 어떤 사람들이 일어나 예수를 쳐서 거짓 증언 하여 이
> 르되 우리가 그의 말을 들으니 손으로 지은 이 성전을 내가 헐고 손으
> 로 짓지 아니한 다른 성전을 사흘 동안에 지으리라 하더라 하되 그 증
> 언도 서로 일치하지 않더라(막 14:55-59)

이처럼 대제사장들은 많은 거짓 증인들을 불러서 예수님을 고발하
게 합니다. 예수님을 심문한 빌라도는 예수님에게 아무런 죄가 없다는
것을 알았습니다. 마가복음 15장 10절에 의하면, 빌라도는 대제사장들
이 예수님을 시기하여 그분을 죽이려 했다는 것을 알고 있었습니다.

> 이는 그가 대제사장들이 시기로 예수를 넘겨 준 줄 앎이러라(막 15:10)

그런데도 빌라도는 예수님을 풀어주지 않습니다. 그 이유가 마가
복음 15장 15절에 나옵니다.

> 빌라도가 무리에게 만족을 주고자 하여 바라바는 놓아 주고 예수는 채
> 찍질하고 십자가에 못 박히게 넘겨 주니라(막 15:15)

빌라도는 백성들의 마음을 사기 위해서, 다시 말해 자신의 정치적 생명을 연장하기 위해서 거짓 재판을 한 것입니다.

이제 예수님의 제자 베드로를 살펴보겠습니다. 그는 주님을 십자가에 달려 죽게 한 장본인은 아닙니다. 하지만 그 역시도 이 위급한 상황에서 자기 목숨을 보호하기 위해 거짓말을 합니다. 마가복음 14장 71절을 보면 베드로는 저주하여 맹세하면서, 예수님을 모른다고 거짓말 합니다.

> 그러나 베드로가 저주하며 맹세하되 나는 너희가 말하는 이 사람을 알지 못하노라 하니(막 14:71)

예수님이 수난 당하시고 십자가에서 죽는 이 사건에서도 온갖 종류의 거짓말이 난무하고 있음을 알 수 있습니다. 새 언약이 세워지는 이 순간에도, 돈에 대한 탐심에서 나온 가룟 유다의 거짓말, 시기심에서 나온 대제사장들의 거짓말 사주, 권력에 대한 욕망에서 나온 빌라도의 거짓말, 자기 목숨을 부지하고자 했던 비겁한 베드로의 거짓말이 나옵니다.

사랑하는 여러분, 우리가 거짓말을 해서는 안 되는 이유는 단지 그것이 윤리적인 행동이기 때문이 아닙니다. 성도가 거짓말을 해서는 안 되는 가장 근원적인 까닭은, 거짓말이야말로 하나님과 우리 사이에 맺어진 언약을 깨뜨리는 데 자주 사용되는 죄악이기 때문입니다.

실제로 십계명 중에 우리가 제일 흔하게 어기는 계명은 거짓 증거하지 말라는 9계명일 것입니다. 바로 그 거짓말 때문에 하나님과 우리 사이에 맺어진 언약에 금이 가고 있는 것입니다. 그렇기 때문에 성경은 거짓말에 대해 매우 경계하고 있습니다.

> 그런즉 거짓을 버리고 각각 그 이웃과 더불어 참된 것을 말하라 이는 우리가 서로 지체가 됨이라(엡 4:25)

> 너희가 서로 거짓말을 하지 말라 옛 사람과 그 행위를 벗어 버리고 (골 3:9)

요한계시록 22장 15절을 보면 거짓말을 좋아하는 자는 영원한 천국에 들어갈 수 없다고 경고하고 있습니다.

> 개들과 점술가들과 음행하는 자들과 살인자들과 우상 숭배자들과 및 거짓말을 좋아하며 지어내는 자는 다 성 밖에 있으리라(계 22:15)

일구이언하지 않는 성도

이를 위해 우리는 어떻게 행해야 할까요? 저는 거짓말을 막기 위한 실제적 지침과 근본적인 대책을 말씀드리고자 합니다. 디모데전서 3장

8절을 보면 집사의 조건으로 일구이언을 하지 않는다는 내용이 나옵니다.

이와 같이 집사들도 정중하고 일구이언을 하지 아니하고 술에 인박히지 아니하고 더러운 이를 탐하지 아니하고(딤전 3:8)

이 내용은 집사의 조건에만 해당되는 내용이 아니라 사실상 모든 성도가 지켜야 할 내용입니다. 여기서 "일구이언을 하지 아니하고"라고 했는데, 이 말은 거짓말하지 않기 위한 행동지침을 잘 알려줍니다. 일구이언(메디로고스)이란 말은 네 가지 의미가 있습니다.

첫째, 말에 절제가 없거나 다른 사람의 이야기를 널리 퍼뜨리는 것을 가리킵니다. 우리는 교회 생활하면서 다른 사람의 사정을 잘 알게 됩니다. 그것을 다른 사람에게 퍼뜨리는 것은 잘못입니다. 우리는 되도록 다른 사람에 대한 말을 적게 하는 것이 좋습니다.

둘째, 이 사람 만나서는 이 말을 하고 저 사람 만나서는 저 말을 하는 것이라든지, 어제 한 말과 오늘 한 말이 다른 경우도 해당합니다. 확실한 지식이 없이 말하는 상대나 이야기의 맥락에 따라 내용과 정도를 달리 말하기 때문에 생기는 일입니다. 또는, 모든 사람에게 잘하려다 보니, 비위를 맞추다가 이 사람에게는 이 말, 저 사람에게는 저 말을 하는 경우도 이에 해당합니다. 우리는 상황에 따라, 사람에 따라 말을 바꾸지 않도록 노력해야 합니다.

셋째, 사실과는 다르게 과장하는 것도 해당합니다. 소위 침소봉대(針小棒大)라는 것입니다. 실제로 말하는 것과 그 말이 의미하는 바가 같지 않은 것도 해당합니다. 우리는 과장하는 말을 삼가야 합니다.

넷째, 말만 하고 행동으로 옮기지 않는 것도 포함됩니다.[3] 말만 많이 하고 행동으로 안 옮기면 나중에 반드시 말을 바꾸게 되어 있습니다. 우리는 반드시 행동으로 옮길 수 있는 말을 해야 합니다.

우리가 말에 실수가 없고 거짓말을 하지 않기 위해서 이렇게 네 가지 행동 지침을 기억하는 것이 유익합니다. 꼭 해야 할 말을 하고 되도록 말을 적게 할수록 좋습니다.

그러나 이보다 더 근본적인 대책이 있습니다. 사실 말은 마음의 문제이고 마음은 더 깊은 곳에서는 신앙의 문제입니다. 따라서 거짓말의 문제도 하나님의 은혜로만 극복될 수 있음을 기억해야 합니다. 거짓말을 이기는 가장 좋은 방법은 삼위 하나님을 기억하는 것입니다.

하나님은 어떤 분이십니까? 우리 인간이 그토록 거짓말로 언약을 깨뜨려도 다시금 우리에게 기회를 주시는, 언약에 신실하신 분이십니다(신 7:9).

예수님은 어떤 분이십니까? 수난을 당하셨지만 죄를 범하지 아니하시고 그 입에 거짓이 없으신 분이십니다(벧전 2:21-25).

---

3 참조. 마 21:28-30.

성령님은 어떤 분이십니까? 진리의 영이십니다(요 14:17). 성령님은 언제나 우리에게 진실을 말하도록 하십니다.

거짓을 이기고 언약에 신실한 성도가 되기 위해 오직 하나님만을 의지하시길 바랍니다. 아멘.

Redemptive-Historical
Sermon
13

살아 역사하시는
성령님

(창세기 1:1-2)

살아 역사하시는 성령님

1. 태초에 하나님이 천지를 창조하시니라
2. 땅이 혼돈하고 공허하며 흑암이 깊음 위에 있고 하나님의 영은
   수면 위에 운행하시니라

(창세기 1:1-2)

성령의 이름

성경에는 여러 이름이 나옵니다. 그 이름들이 다 계시적 의미를 가진 것은 아닙니다. 가령 유다와 이스라엘 열왕들의 이름 가운데 의미는 너무나 좋은데 이름값을 못하는 왕들도 많습니다. 하지만 하나님의 이름은 다릅니다. 하나님의 이름은 그 자체가 계시적 의미가 있습니다.

성령님의 이름도 마찬가지입니다. 구약성경에서 성령님은 히브리어로 "루아흐"라고 합니다. 신약성경에서는 헬라어로 "프뉴마"라고 합니다. 둘 다 의미는 유사합니다. 바람, 호흡, 숨이라는 뜻입니다. 태풍이 불어오면 바람이 점점 세집니다. 바람은 눈에 보이지 않지만 때로는 약하게 때로는 강하게 어떤 효과를 일으킵니다. 마찬가지로 성령은 보이지 않지만 역사를 일으키십니다. 신학자들이 붙인 성령의 별명 가운데 "투명한 하나님"이라는 별명이 있습니다. 겸손하게 드러나지는 않지만 하나님의 역사를 일으키기 때문에 붙여진 별명입니다.

성령에 대한 지식

성경은 제일 첫 장에서 성령에 대해 언급하며 시작하고, 제일 마지막

장에서도 성령에 대해 언급하며 마칩니다.[1]

창세기 1장 1-2절 말씀입니다.

> 태초에 하나님이 천지를 창조하시니라 땅이 혼돈하고 공허하며 흑암
> 이 깊음 위에 있고 하나님의 영은 수면 위에 운행하시니라(창 1:1-2)

이어서 요한계시록 22장 17절을 말씀입니다.

> 성령과 신부가 말씀하시기를 오라 하시는도다 듣는 자도 오라 할 것이
> 요 목마른 자도 올 것이요 또 원하는 자는 값없이 생명수를 받으라 하
> 시더라(계 22:17)

성령님은 창조와 계시의 영으로서, 성경의 처음과 마지막을 장식
하고 있습니다. 신약 성경에만 성령 혹은 하나님의 영에 대한 언급이
250회 이상 나옵니다. '루아흐'라는 히브리어 단어는 378회, '프뉴마'
라는 헬라어 단어는 379회 나옵니다.[2] 이것을 보면 성경이 얼마나 성
령에 대해 풍부하게 가르치고 있는지 알 수 있습니다. 하지만 우리들

---

1 이 설교의 작성에는 아래 자료가 많은 도움이 되었다. Sinclair Ferguson, *Who is the Holy
  Spirit?* (Sanford, FL: Ligonier Ministries, 2012). 그리고 같은 이름으로 된 Amazon Audible의 오
  디오 파일도 역시 유용했다.

2 J. D. 더글라스, 『새성경사전』, 1230-31(영, 성령).

은 성부 하나님에 대해 자주 듣고, 예수님에 대해서는 잘 아는데, 성령님은 단지 은사에 대해서만 관심이 집중되어 있습니다. 오늘 설교에서는 창조의 영, 계시의 영, 예수 그리스도의 영, 구속의 영이신 성령님에 대해 알아보겠습니다.

창조의 영

창세기 1장 1-2절을 보겠습니다.

> 태초에 하나님이 천지를 창조하시니라 땅이 혼돈하고 공허하며 흑암이 깊음 위에 있고 하나님의 영은 수면 위에 운행하시니라(창 1:1-2)

1절은 천지창조에 대한 서언적 말씀이자, 하나님의 행동을 표현하는 말씀입니다. 즉 천지창조 전체를 요약하는 말씀인 동시에, 하나님께서 이미 뭔가를 만드신 것을 보여주는 말씀이라는 뜻입니다. 하나님께서 세상을 만드실 때 제일 먼저 어떤 무형의 물질 덩어리를 만드셨습니다. 그것에 대해 2절에서는 땅이 혼돈하고 공허하며 흑암이 깊음 위에 있었다고 합니다. 교부들은 이 상태를 가리켜 무형의 질료를 만드신 것이라고 불렀습니다. 물질 덩어리를 만드시긴 했는데, 아직 분명한 형체도 모양도 없는 상태라는 것입니다. 그런데 그 상태에서 성령님께서 역사하시기 시작합니다.

2절에서 "하나님의 영"이라는 말은 히브리어로 "루아흐 엘로힘"입니다. 혼돈한 땅, 공허한 세계, 깊이를 잴 수 없는 흑암과 물, 이것이 바로 하나님께서 세상을 본격적으로 지으시기 전의 상태입니다. 이런 상태의 물질 덩어리 위에서 하나님의 영이신 성령께서 수면 위로 운행하고 계셨습니다. 여기에서 "운행하다"라는 말은 마치 어미새가 알을 품듯이 품고 있다는 의미입니다. 어미새가 알을 품으면 부화하여 생명이 탄생합니다. 마찬가지로 성령은 혼돈한 땅, 공허한 세계, 깊이를 잴 수 없는 흑암을 보시고 수면 위에 운행하시면서, 역사를 일으키십니다. 혼돈 대신에 질서를, 공허 대신에 충만을, 어둠 대신 빛을, 깊음 대신에 토대를 제공하십니다. 바로 이것이 성령님의 첫 사역이며, 성령님의 창조 사역입니다.

여기서 우리는 성령님의 창조 사역이 그분의 구속 사역과 데칼코마니처럼 동일한 특징이 있다는 사실을 기억해야 합니다. 이것을 두고 조나단 에드워즈는 『하나님의 천지창조 목적』이라는 책에서 "창조의 목적과 구속의 목적은 동일하다."라고 하였습니다. 그럴 수밖에 없는 것이, 구속이란 죄로 인해 망가진 피조세계를 재창조하시는 일이기 때문입니다. 그렇다면 혼돈 대신에 질서를, 공허 대신에 충만을, 깊이를 잴 수 없는 흑암 대신에 토대와 빛을 제공하신 성령님은 구속 사역에서도 그 일을 하신다고 볼 수 있습니다.

우리가 살아가는 세상은 한 마디로 말해 혼돈과 공허가 가득하고, 토대가 무너진 세상이라고 할 수 있습니다. 바로 이런 세상 가운데서 성령님은 질서를 주시며, 의미를 부여하시고, 토대와 근본을 새롭게 세우십니다. 우리의 삶에 혼돈, 공허, 흑암이 있다면, 성령님께 도움을 요청해야 합니다. "성령님, 저에게, 우리 가정에, 나의 직장에, 우리 사회에 질서와 충만함과 토대를 제공하여 주소서!"라고 부르짖어야 합니다.

창조의 영이신 성령님과 관련하여 한 가지 더 생각할 것이 있습니다. 시편 19편 1절 말씀입니다.

> 하늘이 하나님의 영광을 선포하고 궁창이 그의 손으로 하신 일을 나타내는도다(시 19:1)

다윗은 하나님께서 만드신 만물을 보고 있습니다. 그 만물이 하는 일은 하나님의 영광을 선포하고, 하나님의 일하심을 증거하는 것입니다. 앞서 우리는 성령님이 이 세상을 혼돈과 공허, 끝없는 흑암에서부터 질서와 충만함, 토대와 빛을 제공하신다고 말했습니다. 그렇게 만드신 창조 세계는 하나님을 끊임없이 찬양하고 예배하고 있습니다. 구약 성경에서 하나님을 찬양하고 예배하는 곳은 바로 성전이었습니다. 이를 보건대 성령님은 이 세상을 성전으로 창조하셨음을 알 수 있습니다.

이 세상 전체가 하나님께 경배 드리는 성전이라는 사실은 중요한 깨달음을 줍니다. 네덜란드의 개혁신학자 아브라함 카이퍼는 우리 인간 삶의 모든 영역에서 만유의 주재이신 그리스도께서 "나의 것이다!"라고 외치지 않는 영역은 단 한 치도 없다고 말했습니다.[3] 이 세상 모든 것은 하나님의 소유이며, 하나님의 영광을 위해 창조되었습니다. 인간도 마찬가지입니다. 창세기 1장 27절과 28절을 보겠습니다.

> 하나님이 자기 형상 곧 하나님의 형상대로 사람을 창조하시되 남자와 여자를 창조하시고 하나님이 그들에게 복을 주시며 하나님이 그들에게 이르시되 생육하고 번성하여 땅에 충만하라, 땅을 정복하라, 바다의 물고기와 하늘의 새와 땅에 움직이는 모든 생물을 다스리라 하시니라 (창 1:27-28)

하나님께서 인간을 하나님의 형상대로 지으신 목적은 하나님을 드러내기 위해서입니다. 인간은 생육하고 번성하며 땅에 충만하고 땅을 정복하고 다스림으로써 하나님을 드러내야 합니다. 하나님을 찬양하고 예배해야 합니다. 온 우주 만물을 하나님의 성전으로 지으신 성령님은, 인간 역시 하나님을 찬양하고 예배하는 성전으로 지으셨습니다. 사도 바울은 고린도전서 3장 16절과 6장 19절에서 이렇게 말씀합니다.

---

3 아브라함 카이퍼, 『아브라함 카이퍼의 영역주권』, 박태현 옮김 및 해설(군포: 도서출판 다함, 2020), 71.

너희는 너희가 하나님의 성전인 것과 하나님의 성령이 너희 안에 계시는 것을 알지 못하느냐(고전 3:16)

너희 몸은 너희가 하나님께로부터 받은 바 너희 가운데 계신 성령의 전인 줄을 알지 못하느냐 너희는 너희 자신의 것이 아니라(고전 6:19)

우리 성도들은 교회로서도 하나님의 성전이고, 각 개인도 하나님의 성전입니다. 그렇기에 하나님께 찬양과 예배를 돌려드리는 사람이 창조의 목적에 가장 합당하게 사는 것이라고 할 수 있습니다. 성령 하나님께서 우리 인간을 그렇게 지으셨기 때문입니다.

계시의 영

이제 두 번째로 계시의 영에 대해 생각해 보겠습니다. 시편 139편 7절부터 10절 말씀입니다.

내가 주의 영을 떠나 어디로 가며 주의 앞에서 어디로 피하리이까 내가 하늘에 올라갈지라도 거기 계시며 스올에 내 자리를 펼지라도 거기 계시니이다 내가 새벽 날개를 치며 바다 끝에 가서 거주할지라도 거기서도 주의 손이 나를 인도하시며 주의 오른손이 나를 붙드시리이다(시 139:7-10)

이 시편도 다윗의 시입니다. 시인 다윗은 성령님을 떠나서 내가 거할 수 없다고 말합니다. 그것은 성령께서 어디를 가든지 성도와 동행하시기 때문입니다. 또한 10절에서 다윗은 주의 손이 어디에서나 나를 붙들고 계신다고 고백합니다. 이것을 성령의 사역이라는 측면에서 생각해 보면, 성령님은 우리에게 하나님의 존재와 하나님의 함께 하심을 알려주시는 사역을 하십니다.

성령님은 구약 성경에서 하나님의 계시를 알려주는 역할을 하십니다. 선지자들은 하나님의 영에 충만한 자들이었습니다. 에스겔 11장 24절을 보면, 에스겔이 환상을 볼 때 성령의 인도를 받은 것을 알 수 있습니다.

> 주의 영이 나를 들어 하나님의 영의 환상 중에 데리고 갈대아에 있는 사로잡힌 자 중에 이르시더니 내가 본 환상이 나를 떠나 올라간지라(겔 11:24)

사도 바울 역시 에베소서에서 성령을 지혜와 계시의 영이라고 부릅니다.

> 우리 주 예수 그리스도의 하나님, 영광의 아버지께서 지혜와 계시의 영을 너희에게 주사 하나님을 알게 하시고(엡 1:17)

우리에게 하나님이 누구신지, 하나님의 사역이 무엇인지 알려주시는 분은 바로 성령 하나님이십니다. 여기에서 우리는 두 가지를 생각하게 됩니다. 첫째, 성령을 통해 주어지는 하나님의 계시는 분명한 역사를 일으킵니다. 계시는 단순한 정보 전달이 아닙니다. 계시는 하나님께서 오시는 사건입니다. 그렇기에 반드시 역사가 일어납니다. 시편 104편 29-30절을 보면 이런 말씀이 나옵니다.

> 주께서 낯을 숨기신즉 그들이 떨고 주께서 그들의 호흡을 거두신즉 그들은 죽어 먼지로 돌아가나이다 주의 영을 보내어 그들을 창조하사 지면을 새롭게 하시나이다(시 104:29-30)

29절은 하나님의 영이 없는 상태를 말합니다. 그렇게 되면 모든 것이 죽어 먼지로 돌아갈 수밖에 없습니다. 그런데 30절은 하나님의 영을 보내주신 상태를 말합니다. 그렇게 되면 창조와 새롭게 되는 역사가 일어납니다.

흥미로운 것은 29절에서 성령이 없는 상태에 대해 주께서 낯을 숨기신 상태라고 표현하고 있다는 것입니다. 다시 말해 성령님은 우리에게 하나님의 얼굴 빛을 비춰주시는 분임을 이 두 구절에서 유추할 수 있습니다. 구약 성경에서 하나님의 얼굴 빛은 언약적 축복의 완성을 뜻합니다.

> 하나님은 우리에게 은혜를 베푸사 복을 주시고 그의 얼굴 빛을 우리에게 비추사 (셀라) (시 67:1)

여호와는 네게 복을 주시고 너를 지키시기를 원하며 여호와는 그의 얼굴을 네게 비추사 은혜 베푸시기를 원하며 여호와는 그 얼굴을 네게로 향하여 드사 평강 주시기를 원하노라 할지니라 하라(민 6:24-26)

어린 아이들을 볼 때마다 제가 하는 놀이가 있습니다. 얼굴을 감췄다가 얼굴을 보여주는 놀이입니다. 그렇게 하면 아이들이 '방긋'하고 웃습니다. 얼굴을 보여준다는 것은 우리에게 인격적 교제가 시작되었음을 뜻합니다. 하나님이 얼굴을 가리시면 우리는 멸망하여 먼지로 돌아갈 수밖에 없습니다. 하지만 하나님께서 얼굴을 보여주시고 그 빛으로 우리를 비추시면 우리는 가장 행복한 삶을 살아가게 됩니다.

둘째, 성령님은 우리에게 계시를 통해 지혜를 주십니다. 에베소서 1장 17절에서 사도 바울은 성령님을 가리켜 "지혜와 계시의 영"이라고 부릅니다. 하나님의 계시를 깨달은 사람은 지혜를 받을 수밖에 없습니다. 구약 시대에 그것을 가장 잘 보여준 사람이 요셉입니다. 요셉이 애굽에 장차 밀어닥칠 큰 기근에 대한 대비책을 바로와 그 신하들에게 설명하자 그들은 이렇게 외칩니다.

바로가 그의 신하들에게 이르되 이와 같이 하나님의 영에 감동된 사람을 우리가 어찌 찾을 수 있으리요 하고 요셉에게 이르되 하나님이 이 모든 것을 네게 보이셨으니 너와 같이 명철하고 지혜 있는 자가 없도다 너는 내 집을 다스리라 내 백성이 다 네 명령에 복종하리니 내가 너보다 높은 것은 내 왕좌뿐이니라(창 41:38-40)

이처럼 요셉은 하나님의 계시로 충만할 뿐 아니라, 그 계시가 알려주는 지혜로 충만했던 사람이었습니다. 그 지혜는 세상 사람들이 다 인정할 수밖에 없는 지혜였습니다. 그리스도인은 이 세상에서 하나님께서 주시는 지혜로 살아갑니다.

성경에 나오는 여러 인물들은 하나님께 지혜를 간구하던 사람들이었습니다. 요셉, 솔로몬, 다니엘, 그리고 느헤미야가 그랬습니다. 그렇게 하나님께 지혜를 구했을 때 그들은 하나님의 영에 감동된 지혜로운 자들이 되었습니다. 우리 역시 마찬가지입니다. 야고보서 1장 5절에서는 이렇게 말씀합니다.

> 너희 중에 누구든지 지혜가 부족하거든 모든 사람에게 후히 주시고 꾸짖지 아니하시는 하나님께 구하라 그리하면 주시리라(약 1:5)

하나님의 계시와 지혜로 충만한 성도가 되시기 바랍니다.

예수 그리스도의 영

우리가 성령 하나님에 대해 묵상할 때 해야 할 가장 중요한 질문은 "성령님과 예수님의 관계는 과연 무엇인가?"입니다. 이 질문이 제일 중요한데, 우리는 다른 질문에 많이 빠져 있습니다. 주로 성령의 은사가 무엇이며, 방언이나 예언, 병 고치는 은사가 어떤 것인지 궁금해 하는 것입니다. 그런 질문도 중요하지만, 가장 중요한 질문은 아닙니다. 성령님의 가장 중요한 사역은 예수 그리스도와 함께 하시는 사역입니다. 예수 그리스도의 전 생애에서 성령님은 너무나도 중요한 역할을 하셨습니다. 먼저 예수님의 잉태는 성령으로 된 것입니다.

> 예수 그리스도의 나심은 이러하니라 그의 어머니 마리아가 요셉과 약혼하고 동거하기 전에 성령으로 잉태된 것이 나타났더니 (마 1:18)

예수님은 남자 없이 여자의 몸에서 나신 유일한 사람입니다. 아담이 남자와 여자 없이 하나님으로부터 직접 지음 받았고, 하와가 여자 없이 남자로부터 났으며, 그들의 모든 후손이 남녀 간의 보통 생육법으로 난 데 반해, 예수님은 남자 없이 여자의 몸에서 나신 유일한 사람입니다. 예수님은 마리아의 몸에서 인성을 취하셨지만 그분은 하나님의 아들이십니다. 그렇기에 남자 없이 마리아의 몸에서 성령으로 잉태되실 수 있었습니다. 이처럼 성령은 예수님의 출생 시부터 역사하셨습니다.

예수님은 공생애를 시작하실 때 제일 먼저 세례를 받으셨습니다. 죄가 없으신 그분이 죄인들만 받는 세례를 받으신 것은 우리 인간의 모든 죄를 대신 짊어지시기 위함이었습니다. 그런데 그때 이런 일이 일어났습니다.

예수께서 세례를 받으시고 곧 물에서 올라오실새 하늘이 열리고 하나
님의 성령이 비둘기 같이 내려 자기 위에 임하심을 보시더니(마 3:16)

하나님의 성령이 위에서 임하신 사건은 창세기 1장 2절을 떠올리
게 합니다. 성령이 비둘기 같이 임한 사건은 노아 시대 홍수가 그치고
하나님의 심판이 끝난 다음 날아온 비둘기를 연상시킵니다. 이처럼
예수님께서 시작하신 재창조 사역은 하늘로부터 비둘기 같이 임한 성
령님과 더불어 시작되었습니다.
　또한 예수님은 광야 시험도 성령을 통해 감당하셨습니다.

그 때에 예수께서 성령에게 이끌리어 마귀에게 시험을 받으러 광야로
가사(마 4:1)

예수님께서 왜 광야 40일간 시험을 받으셨습니까? 그것은 이스라
엘의 역사를 재현하시기 위해서였습니다. 예수님은 참 이스라엘이십
니다. 실패한 이스라엘의 역사는 이제 끝이 나고, 예수님 안에서 새로
운 이스라엘이 시작됩니다. 그것을 보여주시기 위해 40일간 시험 받으
신 것입니다.
　어떤 사람은 왜 40년 동안 시험을 안 받으시고 40일만 받으셨냐고
물을 수 있을 것입니다. 하지만 40일의 시험을 통과하신 예수님은 40
년 동안 시험을 받았어도 분명히 성공하셨을 것입니다. 여기에서 중요

한 것은 기간이 아니라 그 시험을 받으신 방식입니다. 마태복음 4장 1
절을 보면 예수님께서는 성령에 이끌리어 마귀에게 시험을 받으셨다
고 합니다. 성령님께서 예수님이 시험 받으신 광야 자리에 함께 동행
하시고 오히려 그 사건을 주도하셨다는 것입니다.

예수님의 지상 사역도 마찬가지입니다. 구약 성경에서 예수님의
지상 사역을 가장 훌륭하게 예언한 선지자는 이사야 선지자입니다.
이사야서 42, 49, 50, 52-53, 61장에 예수 그리스도의 지상 사역에 성
령께서 함께 하셨다는 예언의 말씀이 나옵니다. 특히 61장 1-2절이 중
요합니다.

> 주 여호와의 영이 내게 내리셨으니 이는 여호와께서 내게 기름을 부으
> 사 가난한 자에게 아름다운 소식을 전하게 하심이라 나를 보내사
> 마음이 상한 자를 고치며 포로된 자에게 자유를, 갇힌 자에게 놓임을
> 선포하며 여호와의 은혜의 해와 우리 하나님의 보복의 날을 선포하여
> 모든 슬픈 자를 위로하되(사 61:1-2)

예수님은 하나님께서 성령을 한량없이 부어주신 분이십니다.

> 하나님이 보내신 이는 하나님의 말씀을 하나니 이는 하나님이 성령을
> 한량 없이 주심이니라(요 3:34)

그분의 사역은 가난한 자에게 복음을 전파하는 것, 마음이 상한

자를 고치시는 것, 죄의 포로된 자에게 자유를 주시는 것, 갇힌 자에게 놓임을 선포하는 것, 슬픈 자를 위로하는 것입니다. 여기에서 우리는 예수님의 사역을 가능하게 하신 분이 성령 하나님이심을 알게 됩니다. 그것은 십자가와 부활에서도 마찬가지였습니다. 십자가에서 예수님은 성부 하나님으로부터 버림을 받았습니다. 그런데 그 자리에서도 역시 성령님은 떠나지 않고 예수님을 도우셨습니다. 이에 대해 히브리서 기자는 이렇게 가르칩니다.

> 염소와 황소의 피와 및 암송아지의 재를 부정한 자에게 뿌려 그 육체를 정결하게 하여 거룩하게 하거든 하물며 "영원하신 성령으로 말미암아 흠 없는 자기를 하나님께 드린 그리스도의 피"가 어찌 너희 양심을 죽은 행실에서 깨끗하게 하고 살아 계신 하나님을 섬기게 하지 못하겠느냐(히 9:13-14)

14절에서 "영원하신 성령으로 말미암아 흠 없는 자기를 하나님께 드린 그리스도의 피"라는 표현을 주목하십시오. 십자가 상에서도 성령님은 결코 예수님을 떠나지 않으셨습니다.

그리고 사도 바울은 로마서 1장 4절에서 예수님의 부활 역시 성령을 통해서 된 것이라고 가르칩니다.

> 성결의 영으로는 죽은 자들 가운데서 부활하사 능력으로 하나님의 아들로 선포되셨으니 곧 우리 주 예수 그리스도시니라(롬 1:4)

성경에는 예수님의 부활에 대해 성부 하나님께서 그를 일으키셨다고도 하고, 예수님이 죽은 자들로부터 일어나셨다고도 합니다. 하지만 사도 바울은 부활 역시 성령님이 없이 된 일이 아니라고 가르치고 있습니다.

그리스도의 승천도 역시 성령의 영광 가운데 이뤄졌습니다. 구름으로 가득 찬 것은 성령의 충만한 영광을 보여줍니다. 이처럼 예수님의 지상의 모든 사역은 성령을 통해 이뤄진 것입니다. 이 진리가 우리에게 주는 교훈은 간단합니다. 우리 역시 이 세상에서 예수님의 일을 이어가기 위해서는 반드시 성령으로 충만해야 한다는 사실입니다.

구속의 영

이제 마지막으로 구속의 영이신 성령님에 대해 묵상하겠습니다. 로마서 8장은 성령장이라고 할 수 있습니다. 성령에 대한 언급이 무려 19번이나 나옵니다. 로마서 8장은 크게 세 부분으로 나눠지는데, 생명의 성령님, 양자 됨의 성령님, 영광의 성령님을 알려줍니다.

로마서 8장은 7장부터 이어주는 주제를 다룹니다. "어떻게 성도가 자기 안에 있는 죄와 세상 가운데 있는 죄를 극복할 수 있을 것인가?"라는 질문이 그것입니다. 먼저 1절부터 11절까지는 생명을 주시는 성령님에 대해 가르칩니다. 사도 바울은 1절에서 먼저 예수 그리스도 안에서는 결코 정죄함이 없다고 말합니다. 왜냐하면 생명의 성령의 법이 죄와 사망의 법에서 우리를 해방하였기 때문입니다. 그러면 우리는 어떻게 살아야 할까요? 답은 5절에 나옵니다.

> 육신을 따르는 자는 육신의 일을, 영을 따르는 자는 영의 일을 생각하나니(롬 8:5)

여기에서 영의 일을 생각하라는 것은 성령님께서 우리 안에서 행하시는 일을 생각하라는 것입니다. 그렇다면 성령님은 우리 안에 무슨 일을 행하십니까? 로마서 8장 12-17절이 그것을 알려줍니다. 성령님은 우리가 하나님의 양자됨을 확증해 주십니다.

> 무릇 하나님의 영으로 인도함을 받는 사람은 곧 하나님의 아들이라 너희는 다시 무서워하는 종의 영을 받지 아니하고 양자의 영을 받았으므로 우리가 아빠 아버지라고 부르짖느니라(롬 8:14-15)

우리는 예수님을 믿을 때 하나님의 양자, 양녀가 되었습니다. 따라서 우리는 하나님을 아빠 아버지라고 부를 수 있습니다. 성령님께서 우리 영과 더불어 이 일을 확실하게 증거해 주십니다. 하나님의 자녀가 된 우리는 하나님의 상속자가 됩니다(창세기 17:7). 그 일에는 남자와 여자가 구분이 없습니다. 고대 세계에서는 남자만이 상속의 대상이 되었습니다. 그런데 하나님이 예수 그리스도를 통해서 주시는 상속에는 남자와 여자의 구분이 없습니다. 그래서 여기에서 하나님의 자녀가 되었다는 것을 강조하고 있는 것입니다. 하나님이 우리 하나님이 되십니다!

고대 로마의 양자법과 관습은 아래와 같은 특징이 있었습니다.[4]

1. 정당한 상속자가 있는 경우에 양자를 입양하여 상속권을 부여하는 일은 아주 이례적이었다.
2. 노예를 양자, 양녀 삼는 경우는 자유민의 자녀를 양자, 양녀 삼는 경우와 구별되었다.
3. 자신과 전혀 무관한 사람을 입양하여 양자, 양녀 삼는 경우는 거의 없었고, 주로 친척이나 친구의 자녀를 양자, 양녀로 삼았다.

이 세 가지는 모두 로마서 8장 15절에서 하나님께서 우리를 양자, 양녀 삼는 경우와 대조됩니다. 하나님은 영원한 상속자이신 예수 그리스도가 계심에도 불구하고 우리를 입양하셨습니다. 하나님은 죄의 노예가 되었던 우리를 입양하셔서 그리스도와 함께 하늘에 앉히셨습니다. 하나님은 주님의 원수로 행하던 우리를 입양하셔서 자녀 삼으셨

---

4   Kyu Seop Kim, "Another Look at Adoption in Romans 8:15 in Light of Roman Social Practices and Legal Rules," *Biblical Theology Bulletin: Journal of Bible and Culture* 44, no. 3 (2014): 133-43.

습니다. 이처럼 하나님께서 우리를 입양하신 사건은 고대 로마법과 비교해 볼 때 더욱 은혜롭게 다가옵니다.

　마지막으로 성령님은 이제 무엇을 행하십니까? 로마서 8장 18-27절에서 성령님은 우리를 영광의 자리까지 인도해 주신다고 가르칩니다. 여기에는 세 가지 탄식이 나옵니다. 피조물의 탄식(19-22절), 성도의 탄식(23-25절), 그리고 성령의 탄식(26-27절)입니다. 우리는 기도할 바를 알지 못해도 기도해야 합니다. 성령님께서 우리의 탄식을 들으셔서 하나님의 뜻이 이뤄지는 기도를 드리시기 때문입니다. 루터는 우리가 무엇을 위해 기도해야 할지 모를 때 기뻐해야 한다고 말합니다. 그때가 성령님이 우리를 위해 기도하시는 시간이기 때문입니다. 성령님께서 우리를 포기하지 않으시는 이유는 그리스도의 영으로서 그분의 구속 사역이 무효가 되기를 원치 않으시기 때문입니다.

하나님의 사랑에서 끊을 수 없으리라!

로마서 8장 마지막 부분을 보면, "절대로 끊을 수 없는 하나님의 사랑"에 대해 사도는 힘주어 가르칩니다.

　누가 우리를 그리스도의 사랑에서 끊으리요 환난이나 곤고나 박해나 기근이나 적신이나 위험이나 칼이랴 기록된 바 우리가 종일 주를 위하

여 죽임을 당하게 되며 도살 당할 양 같이 여김을 받았나이다 함과 같
으니라 그러나 이 모든 일에 우리를 사랑하시는 이로 말미암아 우리가
넉넉히 이기느니라 내가 확신하노니 사망이나 생명이나 천사들이나 권
세자들이나 현재 일이나 장래 일이나 능력이나 높음이나 깊음이나 다
른 어떤 피조물이라도 우리를 우리 주 그리스도 예수 안에 있는 하나님
의 사랑에서 끊을 수 없으리라 (롬 8:35-39)

하나님은 절망 속에 있는 우리 삶을 새롭게 하시기 위해 분명한 뜻
을 정하셨습니다. 우리를 예정하시고 부르신 하나님은, 우리를 의롭게
하시고, 영화롭게 하십니다. 하나님께서 우리를 위하시면 그 누구도
우리를 대적할 수 없습니다. 우리는 넉넉히 승리합니다. 이 세상의 그
어떤 것도 우리를 우리 주 그리스도 예수 안에 있는 하나님의 사랑에
서 끊을 수 없습니다! 아멘.